Où suis-je ?

DU MÊME AUTEUR

La Vie de laboratoire, avec Steve Woolgar, La Découverte, 1988, 2006 (première édition anglaise, Princeton University Press, 1979).

Pasteur : guerre et paix des microbes suivi de *Irréductions*, Métailié, 1984 ; réédition, La Découverte, 2001.

La Science en action, La Découverte, 1989 (première édition anglaise, Harvard University Press, 1987).

Nous n'avons jamais été modernes, La Découverte, 1991, 1997.

Aramis, ou l'amour des techniques, La Découverte, 1992, 2003.

Petites leçons de sociologie des sciences, La Découverte, 1996, 2006.

Paris, ville invisible, avec Émilie Hermant, La Découverte/Les Empêcheurs de penser en rond, 1998.

L'Espoir de Pandore. Pour une version réaliste de l'activité scientifique, La Découverte, 2001, 2007 (première édition anglaise, Harvard University Press, 1999).

Jubiler ou les tourments de la parole religieuse, Les Empêcheurs de penser en rond, 2002.

Politiques de la nature, La Découverte, 1999, 2004.

La Fabrique du droit. Une ethnographie du Conseil d'État, La Découverte, 2002, 2004.

Changer de société. Refaire de la sociologie, La Découverte, 2006, 2007 (première édition anglaise, Oxford University Press, 2005).

Sur le culte moderne des dieux faitiches, suivi de *Iconoclash*, La Découverte/Les Empêcheurs de penser en rond, 2009.

Cogitamus. Six lettres sur les humanités scientifiques, La Découverte, 2010.

Enquête sur les modes d'existence. Une anthropologie des modernes, La Découverte, 2012.

Face à Gaïa. Huit conférences sur le Nouveau Régime Climatique, La Découverte/Les Empêcheurs de penser en rond, 2015.

Où atterrir ? Comment s'orienter en politique, La Découverte, 2017.

Bruno Latour

Où suis-je ?

Leçons du confinement
à l'usage des terrestres

LES
EMPÊCHEURS
DE PENSER
EN ROND

Collection dirigée par Philippe Pignarre

Composé par DV Arts Graphiques à La Rochelle
Conception graphique de la couverture : Valérie Gautier
Dépot légal : janvier 2021

Si vous désirez être tenu régulièrement informé de nos parutions, il vous suffit de vous abonner à notre lettre d'information sur notre site **www.editionsladecouverte.fr**.

ISBN 978-2-35925-200-2

Pour Lilo, fils de Sarah et de Robinson
Pour les participants du projet Où atterrir ?

As-tu quelque idée des étendues terrestres ?
Raconte, si tu sais tout cela.
JOB 38,18

1
Un devenir-termite

Il y a bien des façons de commencer. Par exemple en disant, comme un héros de roman qui s'éveille après un évanouissement en se frottant les yeux, l'air hagard, et qui murmure : « Où suis-je ? » Pas facile, en effet, de reconnaître où il se trouve, surtout après un si long confinement, le visage masqué, en sortant dans les rues aux rares passants dont il ne voit que le regard fuyant.

Ce qui le décourage surtout, non, ce qui l'effraie, c'est que depuis peu il s'est mis à regarder la lune – elle est pleine depuis hier soir – comme si c'était la seule chose qu'il pouvait encore contempler sans ressentir un malaise. Le soleil ? Impossible de se réjouir de sa chaleur sans aussitôt penser au réchauffement climatique. Les arbres que les vents agitent ? Il est taraudé par la peur de les voir se dessécher ou périr sous la scie. Même l'eau qui tombe des nuages, il a l'impression déplaisante de se croire responsable de sa venue : « Vous savez bien qu'elle va bientôt manquer partout ! » Se réjouir de la contemplation d'un paysage ? Vous n'y pensez pas – nous voilà responsables de chacune de ses pollutions, et si vous vous émerveillez encore des blés dorés, c'est parce que vous avez oublié que les coquelicots ont disparu à cause de la politique agricole de l'Union européenne ; là où les impressionnistes peignaient un pullulement de beautés, vous ne pouvez voir que l'impact de la PAC qui a tourné les campagnes en déserts... Non, décidément, il ne peut calmer ses inquiétudes qu'en posant son regard sur la lune : de sa ronde, de ses phases, au moins, il ne se sent pas du tout responsable ; c'est le dernier spectacle qui lui reste. Si son éclat t'émeut tellement, c'est parce que de son mouvement, enfin, tu te sais innocent. Comme tu l'étais naguère en regardant les champs, les lacs, les arbres, les fleuves et les montagnes, les paysages, sans penser à l'effet de tes moindres gestes. Avant. Il n'y a pas si longtemps.

En me réveillant, je me mets à ressentir les tourments subis par le héros de Kafka, dans sa nouvelle *La Métamorphose*, qui pendant son sommeil s'est transformé en blatte, crabe ou cancrelat. Du jour au lendemain, il se retrouve terrifié de ne pouvoir se lever comme avant pour aller travailler ; il se cache sous son lit ; il entend sa sœur, ses parents, son patron frapper à la porte de sa chambre qu'il a pris soin de fermer à clef ; il ne peut plus se lever ; son dos est dur comme l'acier ; il doit réapprendre à discipliner ses pattes ou ses pinces qui s'agitent en tous sens ; il s'aperçoit peu à peu que personne ne comprend plus ce qu'il dit ; son corps a changé de taille ; il se sent devenir un « monstrueux insecte ».

C'est comme si j'avais subi, moi aussi, une vraie métamorphose. Je me souviens encore que, avant, je pouvais me déplacer innocemment en emportant mon corps avec moi. Maintenant je sens que je dois avec effort tirer dans mon dos une longue traînée de CO_2 qui m'interdit de m'envoler en prenant un billet d'avion et qui embarrasse désormais tous mes mouvements, au point que j'ose à peine taper sur mon clavier de peur de faire fondre quelque glace lointaine. Mais c'est pire depuis janvier parce que, en plus, je projette devant moi – on me le répète en continu – un nuage d'aérosols dont les fines gouttelettes diffusent dans les poumons des virus minuscules capables de tuer mes voisins qui s'étoufferaient dans leur lit en débordant les services hospitaliers. Derrière comme devant, c'est comme une carapace de conséquences chaque jour plus affreuses que je dois apprendre à traîner. Si je m'efforce de garder mes distances réglementaires en respirant avec peine dans ce masque chirurgical, je n'arrive pas à ramper très loin, car dès que je tente de remplir mon caddie, le malaise s'accroît : cette tasse de café ruine un sol des tropiques ; ce tee-shirt renvoie dans la misère un enfant du Bangladesh ; du steak saignant que je me réjouissais de manger émane des bouffées de méthane qui accélèrent encore la crise climatique. Du coup, je gémis, je me contorsionne, terrifié par cette métamorphose – vais-je enfin me réveiller de ce cauchemar, redevenir comme avant : libre, intègre, mobile ? Un humain à l'ancienne, quoi ! Confiné d'accord, mais pour quelques semaines seulement ; pas pour toujours, ce serait trop affreux. Qui voudrait finir comme Gregor Samsa, mort desséché dans un placard, au grand soulagement de ses parents ?

Et pourtant il y a bien eu métamorphose, et il ne semble pas que l'on va revenir en arrière en s'éveillant de ce cauchemar. Confiné hier, confiné demain. Le « monstrueux insecte » doit apprendre à se déplacer de guingois, à se colleter à ses voisins, à ses parents (peut-être la famille Samsa va-t-elle se mettre à muter elle aussi ?), tous embarrassés de leurs antennes, de leurs traînées, de leurs sillages de virus et de gaz, tous cliquetant de leurs prothèses, un affreux bruit d'ailerons d'acier entrechoqués. « Mais où suis-je ? » : *ailleurs, dans un autre temps, quelqu'un d'autre, membre d'un autre peuple*. Comment s'y habituer ? En tâtonnant, comme toujours – comment faire autrement ?

Kafka avait touché juste : le devenir-blatte offre un assez bon départ pour que j'apprenne à me repérer et à faire aujourd'hui le point. Les insectes sont partout en voie de disparition, mais les fourmis et les termites sont toujours là. Pour voir où cela va nous mener, pourquoi ne partirais-je pas de leurs lignes de fuite ?

Ce qui est bien commode avec les termites champignonnistes et la façon dont ils vivent en symbiose avec des champignons spécialisés capables de digérer le bois – les fameux *Termitomyces* –, c'est qu'ils élèvent de vastes nids de terre mâchonnée à l'intérieur desquels ils maintiennent une sorte d'air conditionné. Une Prague d'argile où chaque morceau de nourriture passe dans le tube digestif de chaque termite en l'espace de quelques jours. Le termite est confiné, c'est même un modèle de confinement, il n'y a pas à dire : il ne sort jamais ! Sauf que la termitière, c'est *lui* qui la construit en salivant motte après motte. Du coup, il peut aller *partout*, mais à condition d'étendre sa termitière un peu plus loin. Le termite s'enveloppe dans sa termitière, il se roule en elle qui est à la fois son milieu intérieur et sa manière propre d'avoir un extérieur, son corps étendu, en quelque sorte ; les savants diraient un deuxième « exosquelette », en plus du premier, sa carapace, ses segments et ses pattes articulées.

L'adjectif « kafkaïen » n'a pas le même sens si je l'applique au termite tout seul, isolé sans nourriture dans un univers carcéral de glaise sèche et brune, ou s'il désigne plutôt un Gregor Samsa finalement fort satisfait d'avoir digéré sa maison de terre grâce aux bois boulottés par ses centaines de millions de parents et de compatriotes dont la nourriture compose un flux continu sur lequel il a prélevé en passant quelques molécules. Ce serait une nouvelle métamorphose du célèbre récit de *La Métamorphose* – après beaucoup d'autres. Mais alors personne ne le trouverait plus monstrueux ; personne ne chercherait plus à l'écraser comme un cafard à la manière de papa Samsa.

Peut-être dois-je le doter d'autres sentiments, en m'exclamant, comme on l'a fait pour Sisyphe, mais pour de tout autres raisons : « Il faut imaginer Gregor Samsa heureux... »

Ce devenir-insecte, ce devenir-termite permettrait de calmer l'effroi de celui qui n'a plus, pour se rassurer, que la lune à contempler parce qu'elle est le seul être proche qui soit extérieur à ses soucis. Car enfin, si tu ressens un tel malaise en regardant les arbres, le vent, la pluie, la sécheresse, la mer, les fleuves – et, bien sûr, les papillons et les abeilles – parce que tu te sens responsable, oui, au fond, coupable de ne pas lutter contre ceux qui les détruisent ; parce que tu t'es insinué dans leur existence, que tu as croisé leur trajectoire ; eh bien, c'est vrai : c'est toi aussi, *tu quoque* ; tu les as digérés, modifiés, métamorphosés ; tu en as fait ton milieu intérieur, ta termitière, ta ville, ta Prague de ciment et de pierre. Mais alors pourquoi te sentirais-tu mal à l'aise ? Rien ne t'est plus étranger ; tu n'es plus seul ; tu digères tranquillement quelques molécules de ce qui arrive dans tes intestins, après être passé par le métabolisme de centaines de milliards de parents, d'alliés, de compatriotes et de compétiteurs. Tu n'es plus dans ton ancienne chambre, Gregor, mais tu peux aller partout, pourquoi continuerais-tu à te terrer de honte ? Tu as fui ; va de l'avant ; enseigne-nous !

Avec tes antennes, tes articulations, tes émanations, tes déchets, tes mandibules, tes prothèses, tu deviens peut-être *enfin* un humain ! Et ce sont tes parents, au contraire, ceux qui frappent à ta porte, inquiets, horrifiés, et même ta brave sœur Grete, qui sont *devenus* inhumains, en refusant *leur* devenir-insecte ? Ce sont *eux* qui doivent se sentir mal, *pas toi*. Ce sont eux qui se sont métamorphosés, que la crise climatique et la pandémie ont transformés en autant de « monstres » ? On a lu la nouvelle de Kafka à l'envers. Remis sur ses six pattes velues, Gregor, enfin, marcherait droit et pourrait nous apprendre à nous extraire du confinement.

Depuis que nous parlons, la lune a baissé ; elle est en dehors de tes tracas ; étrangère mais d'une autre manière qu'avant. Tu n'as pas l'air convaincu ? Le malaise est toujours là ? C'est que je t'ai rassuré à trop peu de frais. Tu te sens encore plus mal ? Tu hais cette métamorphose ? Tu veux redevenir un humain à l'ancienne ? Tu as raison. Même si nous étions devenus des insectes, nous serions encore de *mauvais* insectes, incapables de nous mouvoir très loin, enfermés dans notre chambre fermée à clef.

C'est cette affaire de « retour à la terre » qui me donne le tournis. Ce n'est pas honnête de nous pousser à atterrir, si l'on ne nous dit pas où nous poser sans nous crasher, ce qu'on va devenir, avec qui on va se sentir affilié ou non. J'ai été trop vite. C'est l'inconvénient de partir du lieu d'un crash, je ne peux plus *me localiser* avec l'aide d'un GPS ; je ne peux plus rien survoler. Mais c'est ma chance aussi : il suffit de commencer par là où l'on est, *ground zero*, en essayant de suivre la première piste dans la broussaille et de voir où ça nous mène. Pas la peine de se presser, il reste encore un peu de temps pour trouver où se nicher. Bien sûr, j'ai perdu ma belle voix de stentor, celle qui dissertait d'en haut en s'adressant à la cantonade à tout le genre humain ; comme celle de Gregor pour l'oreille de ses parents, mon élocution risque de ressembler à un affreux borborygme, c'est tout l'inconvénient de ce devenir-animal. Mais ce qui compte, c'est de faire entendre les voix de ceux qui procèdent en tâtonnant dans la nuit sans lune, en se hélant. D'autres compatriotes parviendront peut-être à se regrouper autour de ces appels.

2
Confinés en un lieu quand même assez vaste

« Où suis-je ? » soupire celui qui se réveille insecte. *En ville* probablement, comme la moitié de mes contemporains. Par conséquent je me retrouve à l'intérieur d'une sorte de termitière étendue : un appareillage de murailles, de cheminements, de systèmes de conditionnement, de flux alimentaires, de réseaux de câbles, dont les ramifications s'étendent sous les campagnes, très loin. De la même façon que les conduits des termites les aident à pénétrer dans les poutres les plus solides d'une maison de bois même à de grandes distances. En ville, en un certain sens, je suis toujours « chez moi » – du moins pour une portion minuscule : j'ai repeint ce mur, j'ai rapporté de l'étranger cette table, j'ai inondé par erreur l'appartement de mon voisin, j'ai payé ce loyer. Voilà quelques traces infimes pour toujours ajoutées au cadre de calcaire lutétien, aux marques, aux rides et aux richesses de ce lieu. Si je considère le cadre, je retrouve pour chaque pierre un urbain qui l'a fait ; si je pars des urbains, je trouverai pour chacune de leurs actions une trace dans la pierre qu'ils ont laissée derrière eux – cette grande tache sur le mur, vingt ans après, elle est de moi, ce graffiti aussi. Ce que les autres prennent pour un cadrage anonyme et froid, pour moi, en tout cas, c'est presque une œuvre.

Il en est de la ville comme de la termitière : habitat et habitants sont en continuité ; définir l'un, c'est définir les autres ; la ville est l'exosquelette de ses habitants, comme les habitants laissent derrière eux un habitat dans leurs sillages, quand ils s'en vont ou se dessèchent – par exemple quand on les enterre au cimetière. Un urbain est dans sa ville comme un bernard-l'hermite dans sa coquille. « Où suis-je donc ? » *Dans*, et *par* et en partie *grâce* à ma coquille. La preuve, c'est que je ne peux même pas monter mes provisions chez moi sans l'ascenseur qui m'y autorise. L'urbain serait-il donc un insecte « à ascenseur » comme on dit d'une araignée qu'elle est « à toile » ? Encore faut-il que les propriétaires aient entretenu la machinerie. Derrière le locataire une prothèse ; derrière la prothèse, encore des propriétaires et des agents d'entretien. Et ainsi de suite. Le cadre inanimé et ceux qui l'animent, c'est tout un. Un urbain tout nu, cela n'existe pas plus qu'un termite hors termitière, une araignée sans sa toile ou un Indien dont on aurait détruit la forêt. Une termitière sans termite, c'est un tas de boue, comme les quartiers chics, pendant le confinement, quand nous passions désœuvrés devant tous ces bâtiments somptueux, sans habitant pour les animer.

Si la ville pour un urbain n'est pas exactement étrangère à ses façons d'être, est-ce que je peux aller un peu plus loin avant de rencontrer quelque chose qui soit vraiment *dehors* ? Cet été dans le Vercors, au bas du Grand Veymont, un ami géologue nous avait démontré que le haut de cette falaise somptueuse était tout entière un cimetière de coraux, une autre conurbation géante, depuis longtemps désertée par ses habitants, dont les restes entassés, pressés, enfouis, puis soulevés, érodés, suspendus, avaient engendré ce beau calcaire urgonien dont la pierre blanche aux fins cristaux brillait sous sa loupe. Ces calcaires, il les appelait « bioclastiques », ce qui veut dire « faits de tous les débris des vivants ». Il n'y aurait donc pas de rupture, pas de discontinuité quand je passe de la termitière urbaine, ô combien bioclastique, à cette vallée du Vercors qu'un glacier a jadis taillée à travers un cimetière de vivants innombrables ? Du coup, je me sens un peu moins aliéné ; je peux continuer à ramper en crabe de plus en plus loin. Ma porte n'est plus fermée à clef.

D'autant que, en montant vers le Grand Veymont, des fourmilières géantes, tous les cent mètres, viennent ponctuer la marche, me rappelant ainsi qu'elles mènent, elles aussi, une vie d'urbains affairés. Gregor doit se sentir moins seul depuis que son corps segmentaire se trouve en résonance avec sa Prague de pierre dont chaque agrégat cristallisé conserve l'écho d'un océan de coquillages entrechoqués. De quoi laisser sa famille sur le carreau, emprisonnée chez elle, dans leurs pauvres corps d'humains *délinéés* à l'ancienne comme des silhouettes en fil de fer.

Quand il était dans sa chambre, Gregor souffrait d'être un étranger parmi les siens ; une cloison et des verrous suffisaient pour l'enfermer à double tour. Une fois insecte, le voilà devenu *passe-muraille*. Sa chambre, sa maison, il les prend dorénavant pour des boules de glaise, de pierre et de gravats qu'il aurait pour partie digérées puis expectorées et qui ne limitent plus ses mouvements. Voilà qu'il peut sortir à loisir sans qu'on se moque de lui. La ville de Prague, ses ponts, ses églises, ses palais ? – autant de mottes de terre un peu plus grosses, plus anciennes aussi, plus sédimentées, toutes choses artificielles et fabriquées, qui émanent des mandibules de ses nombreux compatriotes. Ce qui va peut-être me rendre supportable le devenir-insecte, c'est que, en allant de la ville à la campagne, je me retrouve devant d'autres termitières, les montagnes de calcaire, tout aussi artificielles, plus grandes, plus anciennes, encore plus sédimentées par un long travail d'astuce et d'ingénierie d'animalcules innombrables. Le confiné se déconfine à merveille. Il commence à retrouver une grande liberté de mouvement.

Suivons ce fin conduit, prolongeons cette minuscule intuition, obéissons obstinément à cette injonction bizarre : si je peux passer de la termitière à la ville, puis de la ville à la montagne, est-il possible de passer à l'espace même dans lequel j'avais naguère l'impression que la montagne ne faisait que « se situer » ?

Si pour une fourmi le travail de la fourmilière fait bulle autour d'elle en maintenant sa température et en purifiant son air, il en est de même de Véronica qui respire en ahanant dans la dure montée vers le Grand Veymont. L'oxygène qu'elle inspire ne vient pas d'elle comme si elle devait porter sur son dos les lourdes bouteilles des vainqueurs de l'Annapurna. D'autres qu'elle, innombrables et cachés, lui offre gratuitement – pour l'instant – de s'en remplir les poumons. Quant à la couche d'ozone qui la protège du soleil – toujours pour l'instant –, elle forme au-dessus d'elle un dôme qui émerge du travail d'agents tout aussi invisibles, tout aussi innombrables, encore plus anciens – deux milliards et demi d'années de bactéries en action. Du coup, les bouffées de CO_2 qu'elle relâche en respirant ne font pas d'elle une étrangère, un « insecte monstrueux », mais une respiratrice parmi des milliards de respiratrices dont quelques-unes profitent pour former le bois de la forêt de hêtres à l'ombre desquels elle reprend son souffle. Ce qui fait de cette marcheuse la piétonne d'une métropole immense qu'elle a parcourue une belle après-midi. Dehors, en pleine cambrousse, la voilà logée *au-dedans* d'une conurbation qu'elle ne pourrait jamais quitter sans aussitôt mourir asphyxiée.

Quel choc de s'apercevoir que l'artifice, l'ingénierie, la liberté d'inventer, non, l'obligation d'inventer, Gregor peut les retrouver aussi dans ce qu'il prenait pour l'air du temps, pour l'atmosphère, pour le ciel bleu, à l'époque où il n'était qu'un humain réduit à une silhouette de fil de fer comme ses parents indignes. Pour qu'il y ait un dôme au-dessus de sa tête, pour qu'il n'étouffe pas quand il sort – mais justement il ne « sort » plus vraiment –, il faut encore des travailleurs, encore des animalcules, encore des agencements subtils, encore des efforts disséminés pour tenir en place la tente du ciel ; encore une longue, une immensément longue histoire d'artifices, simplement pour qu'il y ait un *bord*, une vaste canopée un peu stable, et qu'il y survive quelque temps. Si je veux apprendre très vite à la suite de Gregor cancrelat comment me comporter, il faut que j'admette que c'est dans les dispositifs techniques, les usines, les hangars, les ports, les laboratoires, que je vais mieux saisir le travail des organismes vivants et leur capacité à changer autour d'eux leurs conditions d'existence, à élaborer des niches, des sphères, des ambiances, des bulles d'air conditionné. C'est avec eux que l'on comprend le mieux la nature de « la nature » ; elle n'est pas d'abord « verte », elle n'est pas d'abord « organique » ; elle est surtout composée d'artifices et d'artificiers – à condition de leur laisser le temps.

Il est étrange que les manuels de géologie ou de biologie s'émerveillent que « par chance » les organismes vivants aient trouvé sur terre les conditions idéales pour se développer depuis des milliards d'années : la bonne température, la bonne distance d'avec le soleil, la bonne eau, le bon air. De la part de sérieux savants, on pourrait s'attendre qu'ils embrassent avec moins d'enthousiasme une version si *providentielle* de l'accord entre les organismes et leur « environnement » comme ils disent. Le moindre devenir-animal mène à une tout autre vision, beaucoup plus terre à terre : il n'y a pas du tout d'« environnement ». C'est comme si vous félicitiez une fourmi pour la chance qu'elle a de se trouver dans une fourmilière si providentiellement bien chauffée, si agréablement aérée et si fréquemment nettoyée de ses déchets ! Elle vous rétorquerait sans doute, si vous saviez l'interroger, que c'est elle et les milliards de ses congénères qui ont émis cet « environnement » qui sort d'elles, comme la ville de Prague émane de ses habitants. Cette idée d'environnement n'a guère de sens puisque vous ne pouvez jamais dessiner la limite qui distinguerait un organisme de ce qui l'entoure. Au sens propre, rien ne nous environne, tout conspire à notre respiration. Et l'histoire des vivants est là pour nous rappeler que cette terre si « favorable » à leur développement, ce sont les vivants qui l'ont *rendue* favorable à leurs desseins – desseins si bien cachés qu'ils les ignorent eux-mêmes tout à fait ! À l'aveugle, ils ont courbé l'espace autour d'eux ; ils se sont comme pliés, enfouis, roulés, pelotonnés en lui.

Me voilà quand même un peu mieux repéré parce que je commence à m'approcher de ce qui est vraiment « au dehors ». Dans les récits de mon enfance, quand les naufragés échouaient sur une plage (comme Cyrus Smith dans *L'Île mystérieuse*), ils se dépêchaient toujours de monter sur quelque sommet, pour vérifier s'ils se trouvaient sur un continent ou sur une île. Déçus si c'était une île, mais rassurés quand même quand elle se déployait devant eux, assez vaste et diversifiée. Nous aussi, nous nous apercevons que nous sommes confinés, certes, mais sur une île malgré tout de belles dimensions dont nous devinons le bord *depuis l'intérieur*, par transparence en quelque sorte, comme si nous étions au sein d'un palais de cristal, d'une serre, ou comme un nageur aperçoit le ciel depuis les profondeurs d'un lac quand il regarde vers le haut.

De ce dehors, c'est là le plus étonnant, j'ai appris depuis longtemps que nous n'avons jamais une expérience *directe*. Même la cosmonaute la plus audacieuse ne répète ses spectaculaires sorties dans l'espace que soigneusement engoncée dans une combinaison *ad hoc* – mini sphère qui la rattache à Cap Kennedy comme par un câble solidement ancré au sol et qu'elle ne peut quitter sans périr aussitôt. Quant aux nombreux témoignages de ce vaste extérieur, de tout ce qui se trouve *au-delà du seuil*, nous les lisons, nous les apprenons, nous les calculons, mais toujours *de l'intérieur* de nos laboratoires, de nos télescopes ou de nos instituts, sans jamais en sortir. Sinon par l'imagination – ou mieux, par la connaissance *imagée*, par le truchement des images savantes. Aussi émouvante que soit la vision de notre planète vue depuis Saturne, c'est dans un bureau de la NASA, en 2013, que l'image fut recomposée pixel par pixel : célébrer son objectivité en omettant les liens qui permettent de voir la terre à distance, c'est se tromper sur l'objet comme sur les aptitudes des sujets à connaître avec certitude.

En rampant de chambre en ville, de ville en montagne, de montagne en atmosphère, toujours en suivant le modèle offert par les termites – l'étroit conduit dans lequel ils cheminent –, je ne sais pas encore où nous nous trouvons, mais je crois possible de ficher en terre un piquet pour ne plus me perdre la prochaine fois que je partirai en repérage. *En deçà* du bord, c'est le monde dont nous avons l'expérience et où nous rencontrons partout des genres de *compatriotes*, capables par leurs ingénieries, leurs audaces, leurs libertés, de construire des ensembles qu'ils aménagent à leur façon et qui se superposent plus ou moins. Le résultat de leurs inventions nous surprend toujours, mais nous sentons néanmoins qu'elles ont avec les nôtres quelque chose comme un *air de famille*. *Au-delà* du bord, c'est un tout autre monde, surprenant bien sûr, mais dont nous n'avons aucune expérience directe, sinon par le soutien de la connaissance imagée, et qui jamais ne nous sera *familier*. L'extérieur, le véritable extérieur commence là où tourne la lune, cette lune que tu avais raison de contempler avec envie comme un symbole de l'innocence, étrangère, incorruptible en effet, et donc rassurante, on le comprend, pour ceux qui vivront à jamais confinés.

Je cherche un nom pour distinguer clairement le dedans et le dehors. Cela fait comme une grande partition, une nouvelle *summa divisio*. Je propose d'appeler l'en-deçà *Terre* et l'au-delà, pourquoi pas, *Univers*. Et ceux qui habitent en deçà, ou plutôt ceux qui *acceptent* de résider en deçà, nous pouvons les appeler *les terrestres*. C'est avec eux que je cherche à entrer en relation en lançant mes appels. Dénominations provisoires, sous bénéfice d'inventaire ; je n'en suis encore qu'aux premiers repérages. Mais nous sentons déjà que Terre est expérimentée de près, même si nous la connaissons mal, alors qu'Univers est souvent beaucoup mieux connu, mais que nous n'en avons pas l'expérience directe. Il serait bien que nous autres, les terrestres, nous nous préparions à revêtir des équipements autrement conçus selon que nous prétendons voyager d'un côté ou de l'autre de cette frontière, de cet infranchissable *limes*. Faute de quoi, au sens propre, nous ne pourrions saisir ce qui permet aux vivants de rendre la terre habitable ; nous nous *rendrions la vie impossible*.

3
« Terre » est un nom propre

Pour le moment, ce qui nous rend la vie impossible, c'est ce *conflit de générations* si parfaitement décrit dans le récit de Gregor Samsa. D'une certaine façon, depuis le confinement, chacun de nous le vit dans sa propre famille.

Dans la nouvelle de Kafka, il y a d'un côté les parents silhouettes de fil de fer – le père obèse, la mère asthmatique, la sœur infantile, auxquels il faut ajouter le « chargé de pouvoir » assommant, deux petites bonnes horrifiées, la femme de ménage « tout en os » et les trois locataires envahissants. Et il y a ce Gregor dont le devenir-insecte préfigure le nôtre. Il est plus épais, plus lourd ; il a plus de peine à marcher du moins au début ; ses pattes plus nombreuses le gênent ; son dos rigide fait un bruit sourd en heurtant le sol, mais il peut se relier à bien plus de choses qu'eux – sans compter qu'il peut grimper au plafond... Du coup, il se sent plus à l'aise, puisqu'il ne rencontre rien dans ses pérégrinations de passe-muraille qui ne lui rappelle ses aptitudes à élaborer assez librement des niches, des dômes, des bulles, des atmosphères, bref des *intérieurs*, pas forcément confortables, mais toujours choisis par ceux qui les ont formés – ingénieurs, urbanistes, bactéries, champignons, forêts, paysans, océans, montagnes ou fourmilières – ou, à défaut, préparés par leurs prédécesseurs, souvent d'ailleurs sans l'avoir recherché. Quant aux parents de Gregor, ce sont eux qui sont claquemurés dans leur appartement trop grand et dont ils ne peuvent même pas payer le loyer. Forcément, puisqu'ils n'ont d'intérieur que ce que dessine aux yeux des autres la limite assez restreinte de leurs vilains corps. Voilà, ils sont restés confinés, alors que Gregor *ne l'est plus*. Tant qu'il n'a pas atteint le véritable extérieur, l'autre côté de la barrière, il reste à l'intérieur d'un monde qui lui est somme toute assez familier. Pour les parents, l'extériorité menaçante commence à la porte sur la rue ; pour le nouveau Gregor, l'*intériorité* s'étend jusqu'aux limites, certes encore flottantes, de Terre.

Les deux générations, celle d'avant et celle d'après le confinement généralisé, ne se localisent pas de la même façon. Dire que Gregor « ne s'entend pas bien avec ses parents », c'est un euphémisme : leurs façons de mesurer et la sienne sont bel et bien incommensurables. Elles n'aboutissent pas simplement à d'autres quantités ; ce sont leurs manières d'enregistrer les distances qui n'ont rien à voir. Il n'est pas très surprenant qu'au XXe siècle, concentré sur les questions de « relations humaines », on ait fait de la nouvelle de Kafka l'exemple même des « drames de la communication ». Mais on s'est peut-être trompé sur la distance entre la façon qu'a Gregor de se mesurer et celle de ses parents. Il y a quelque chose de littéralement écrasant dans la façon dont ceux-ci se repèrent dans le monde, c'est-à-dire à partir d'une carte.

On part de l'univers, on passe par la Voie lactée, puis par le système solaire, on arrive aux diverses planètes, avant de survoler la terre, de faire coulisser GoogleEarth™ jusqu'en Tchéquie avant d'arriver au-dessus de Prague, sur le quartier, la rue, bientôt l'immeuble vieillot en face de l'hôpital sinistre. À la fin de ce survol, la localisation des parents Samsa est peut-être complète – surtout si l'on y ajoute les données du cadastre, de la poste, de la police, de la banque, plus, de nos jours, les « réseaux sociaux » – mais, par comparaison avec ces immensités, les pauvres géniteurs de Gregor sont réduits à rien : un point, moins qu'un point, un pixel qui clignote sur un écran. Localisation finale en ce sens qu'elle *termine* d'éliminer ceux qu'elle a repérés par simple longitude et latitude. Le pixel n'a ni voisin, ni prédécesseur ni successeur. Il est devenu littéralement incompréhensible. Drôle de façon de se repérer.

Devenu insecte, devenu donc terrestre, Gregor se repère tout autrement que ses parents. Il est à la dimension des choses qu'il a digérées et laissées dans son sillage, et quand il se déplace, au début un peu maladroitement, c'est toujours *de proche en proche*. Rien par conséquent ne peut l'écraser en le repérant d'en haut et de loin. Malgré la canne dressée du père Samsa, aucune force ne peut l'aplatir ou le réduire à un pixel. Pour les parents de Gregor, il est invisible et son élocution est incompréhensible, c'est pourquoi, en fin de compte, il faut s'en débarrasser (« il est crevé », annonce avec une joie mauvaise la femme de ménage « tout en os »). Alors que pour Gregor ce sont ses parents, au contraire, qui disparaissent, écrasés et mutiques, si on les localise à l'ancienne, à l'étroit dans leur salle à manger, réduits à leurs corps, confinés dans leurs petits moi, baragouinant dans une langue qu'il ne veut plus entendre. C'est là sa ligne de fuite.

Si nous suivons le mouvement de Gregor, nous allons nous apercevoir que nous distribuons les valeurs de façon entièrement différente. Nous ne vivons plus, littéralement, dans le même monde. Eux, ceux d'avant le confinement, commencent par leur moi tout riquiqui ; ils y ajoutent un cadre matériel dont ils disent qu'il est « artificiel » ou même « inhumain » – Prague, les usines, les machines, la « vie moderne » ; et puis, troisièmement, un peu plus loin, ils y entassent tout un fatras de choses inertes qui s'étendent à l'infini et dont ils ne savent pas trop quoi faire.

Mais nous distribuons nos affaires tout autrement. Nous commençons à comprendre que nous n'avons pas, que nous n'aurons jamais, que personne n'a jamais eu l'*expérience de rencontrer des « choses inertes »*.

Cette expérience, prétendument si commune pour les générations précédentes, la nôtre a dû subir l'épreuve, en un temps très court, de ne plus la partager : tout ce que nous rencontrons, les montagnes, les minéraux, l'air que nous respirons, le fleuve où nous nous baignons, l'humus pulvérulent où nous plantons nos salades, les virus que nous cherchons à apprivoiser, la forêt où nous allons chasser des champignons, tout, jusqu'au ciel bleu, est le résultat, le produit, oui il faut bien le dire, le résultat artificiel de puissances d'agir avec lesquelles les urbains aussi bien que les ruraux ont comme un air de famille.

Sur Terre, rien n'est exactement « naturel » si l'on entend par là ce qui n'aurait été touché par aucun vivant : tout est soulevé, agencé, imaginé, maintenu, inventé, intriqué par des puissances d'agir qui, d'une certaine façon, savent ce qu'elles veulent, en tout cas visent un but qui leur appartient en propre, chacune pour elle-même. Il y a peut-être bien des « choses inertes », des formes qui se défont sans but ni volonté, mais pour les trouver, il faut aller *de l'autre côté*, en haut vers la lune, en bas vers le centre du globe, au-delà du *limes*, dans cet Univers que l'on peut connaître, mais dont on ne pourra jamais avoir d'expérience corporelle. On le connaît d'ailleurs d'autant mieux, cet Univers, qu'il s'agit de choses qui s'effondrent peu à peu selon des lois qui leur sont extérieures, et dont l'effondrement est par conséquent *calculable* à la dixième décimale près. Alors que les agents qui soulèvent et maintiennent Terre, on a toujours un peu de peine à les calculer, car ils s'obstinent, sans obéir à aucune loi qui leur serait étrangère, à remonter la pente que les autres ne font que descendre. Comme ils rament toujours à contre-courant de l'entropie, avec eux, c'est toujours la surprise. « Infra-lunaire » et « supra-lunaire », finalement, ce n'était pas de si mauvais termes pour repérer le tracé de cette grande partition.

Ce serait commode de dire que la génération de tes parents voit la mort partout et que la génération suivante voit de la « vie » partout, mais le terme n'a pas le même sens dans les deux camps. Ceux qui se considèrent comme les seuls êtres doués de conscience au milieu de choses inertes, ne comptent comme vivants qu'eux-mêmes, leurs chats, leurs chiens, leurs géraniums et peut-être le parc où ils vont se promener, une fois Gregor jeté aux ordures, à la fin de la nouvelle. Or « vivant », pour toi qui as subi la métamorphose, ne se dit pas seulement des termites, mais *aussi* de la termitière en ce sens que, sans les termites, tout cet amas de boue ne serait pas ainsi agencé, dressé comme une montagne au milieu d'un paysage (mais il en est de même, de ladite montagne et dudit paysage...). Sans oublier, réciproquement, que les termites ne vivraient pas un instant hors de la termitière qui est à leur survie ce que la ville est aux urbains.

J'ai besoin d'un terme qui dise que, sur Terre, « tout est vivant », si tu entends par là aussi bien le corps agité des termites que le corps rigide de la termitière, les foules qui se pressent sur le pont Charles aussi bien que le pont Charles, le renard aussi bien que la peau de renard, le castor aussi bien que son barrage, les bactéries et les plantes aussi bien que l'oxygène qu'elles émettent. Bioclastique ? Biogénique ? En tout cas *artificiel* en ce sens quelque peu inhabituel que l'invention et la liberté y sont toujours engagées – d'où les surprises à chaque pas. Sans oublier la sédimentation qui fait que la termitière, le pont Charles, la fourrure, le barrage et l'oxygène demeurent *un peu plus longtemps* que ceux dont ils émanent – à condition que d'autres puissances d'agir, termites, bâtisseurs, renards, castors ou bactéries en maintiennent l'élan. Contrairement aux étranges habitudes de la génération qui nous précède, nous autres les terrestres, nous avons appris à utiliser l'adjectif « vivant » pour désigner *les deux listes*, celle qui commence par termite, et celle qui commence par termitière sans jamais les séparer. Ce que les autres peuples n'avaient jamais oublié.

On comprend que le « conflit de générations » offre un peu plus qu'un témoignage moderne sur l'incommunicabilité des humains. J'ai envie d'aller plus loin et de dire qu'il s'agit d'un conflit de genèses et pour tout dire d'*engendrements*. Car enfin ce n'est pas pour rien que les terrestres trouvent un « air de famille » à tous ceux qu'ils rencontrent. C'est qu'ils ont tous, ou qu'ils ont tous eu jadis, ce qu'on pourrait appeler des *soucis d'engendrement*. C'est d'ailleurs, de façon émouvante, les premières angoisses de Gregor une fois devenu blatte : ce qui le peine le plus, c'est de ne pas savoir comment subvenir aux besoins de sa famille !

Je viens de comprendre qu'il en est de même des fougères, des épicéas, des hêtres, des lichens qui tentent de résister au dur hiver du Vercors. Mais il en fut de même des récifs de coraux devenus depuis ce beau calcaire urgonien qui fait toute la beauté du Grand Veymont dont l'à-pic domine le célèbre mont Aiguille. Ils ont tous affaire à des questions de *subsistance*, en ce sens très simple qu'ils doivent apprendre à se maintenir dans l'existence. Je comprends alors que les ingénieurs de la ville de Prague se préoccupent aussi de maintenir le pont Charles, joyau de la ville, par des inspections régulières et de nombreuses rénovations ; que c'est bien le même genre de soucis qui amènent Baptiste Morizot à faire se rencontrer les loups, les moutons, les éleveurs de brebis, les chasseurs et les agriculteurs bio autour de la réserve de l'ASPAS dans le Vercors ; que c'est bien aussi par de subtiles inventions que le fameux virus auquel nous devons le confinement ne cesse de se recombiner pour durer un peu plus longtemps et s'étendre plus loin de bouche en bouche. De Terre, on peut dire que c'est la liaison, l'association, la superposition, la combinaison de tous ceux qui ont des soucis de subsistance et d'engendrement. Question que la famille Samsa avait évidemment quelque peu simplifiée quand Grete se demandait cruellement : « Comment faire pour s'en débarrasser ? » – en parlant de son cher frère-insecte...

Je comprends alors que je pourrais explorer bien davantage ce conflit de générations, si j'acceptais de suivre beaucoup plus loin, et surtout *beaucoup plus longtemps*, les listes de ceux qui ont des soucis d'engendrement. Il se trouve en effet que ce n'est nullement par hasard que ces agents ont toujours l'impression qu'il existe entre eux un *air de famille*. C'est que, *de proche en proche*, chaque existant correspond à une invention, les spécialistes disent un « embranchement », qui se rapporte à un prédécesseur et à un successeur, une petite différence, qui permet de construire, toujours de proche en proche, quelque chose comme une généalogie, souvent buissonnante, parfois lacunaire, qui autorise chacun de nous à remonter, comme on dit, vers son origine, comme un saumon remonte le fleuve, puis la rivière, puis le trou d'eau où il est né.

Les urbains ont appris à dresser leur arbre généalogique ; les urbanistes peuvent vous raconter, pâté de maisons par pâté de maisons, l'*évolution* – c'est le mot que l'on donne parfois – de leur ville ; une fois à la campagne, à deux pas de Saint-Agnan, les géologues peuvent faire de même de l'*histoire* – c'est un autre mot que l'on emploie souvent – des sédiments du Vercors. Et si vous avez la chance de vous promener avec un botaniste, il fera de même pour la sociologie des plantes de montagne qui embaument la « réserve biologique intégrale » au pied du Grand Veymont ; et si Anne-Christine Taylor est venue vous rejoindre, cette fois-ci ce sont les genèses croisées des merveilleux jardins achuar dont elle vous fera le récit. L'histoire sera plus trouble, plus ancienne, encore plus buissonnante, si vous ajoutez à la promenade un bactériologiste, lecteur de Lynn Margulis, qui vous mènera chez les protistes et les archées en vous initiant aux prouesses de leurs combinaisons. Mais si vous perdez le fil, vous pouvez toujours revenir à des périodes plus récentes par une visite à l'excellent musée de la Préhistoire (juste en bas du musée de la Résistance), à Vassieux-en-Vercors, qui vous permettra de relier par d'autres fils l'histoire des silex, des pollens et des tailleurs de silex dont les magnifiques lames s'exportaient dans toute l'Europe préhistorique. Vous serez étonnés à chaque étape de ces genèses, mais jamais vous ne perdrez de vue qu'il s'agit de résoudre des problèmes qui vous sont, malgré tout, familiers. Confinés oui, mais *chez vous*...

Peu à peu, nous nous apercevons que le mot « Terre » ne désigne pas une planète parmi d'autres selon l'ancienne localisation comme si c'était un nom commun à de nombreux corps célestes, mais un *nom propre*, qui rassemble tous les existants – mais ils ne sont justement jamais rassemblés en un tout – qui ont un air de famille parce qu'ils ont une origine commune et qu'ils se sont étendus, répandus, mélangés, superposés, *un peu partout*, en transformant de fond en comble, en ravaudant incessamment leurs conditions initiales par leurs inventions successives. Il se trouve que chaque terrestre reconnaît dans ses prédécesseurs ceux qui ont créé les conditions d'habitabilité dont il bénéficie – Prague pour la famille Samsa, la fourmilière pour la fourmi, la forêt pour les arbres, la mer pour les algues, leurs jardins pour les Achuar – et qu'il s'attend à devoir se préoccuper de ses successeurs. « Un peu partout » cela veut dire *aussi loin* que les terrestres ont pu étendre et partager leur expérience unique – mais *pas plus*.

«Terre» est le vocable qui comprend donc les agents – ce que les biologistes appellent des «organismes vivants» – *aussi bien* que l'effet de leurs actions, leur *niche* si l'on veut, toutes les traces laissées par leur passage, le squelette interne aussi bien que l'externe, les termites aussi bien que les termitières. Sébastien Dutreuil propose de mettre une majuscule au mot «Vie» pour inclure les vivants et tout ce qu'ils ont transformé au cours du temps, mer, montagnes, sol et atmosphère compris dans une seule lignée. Si «vie» en minuscule est un nom commun que l'on espère retrouver un peu partout dans Univers, «Vie» serait un nom propre qui désignerait *cette* Terre et son agencement si particulier. Mais ce serait risquer d'introduire un nouveau malentendu tant le mot «vivant» est associé à celui d'organisme. Heureusement, pour éviter de confondre la planète terre, avec un petit t, nom commun, de Terre, avec un grand T, nom propre, j'ai dans la manche un nom technique et savant, emprunté comme souvent au grec, Gaïa, qui se trouve être aussi, pour le meilleur et pour le pire, le nom d'une figure mythologique particulièrement riche. On ne dira donc pas que les terrestres sont *sur la terre,* nom commun, mais *avec Terre* ou *Gaïa,* noms propres.

4
« Terre » est un nom féminin, « Univers » un nom masculin

Je commence à me situer comme un terrestre parmi d'autres terrestres lorsque je m'aperçois, la surprise passée, qu'ils ne se déplacent jamais partout « librement » dans quelque espace indifférencié, mais qu'ils construisent cet espace de proche en proche. Curieusement, c'est de se sentir confiné qui nous donne cette liberté de nous mouvoir enfin « librement ». Le devenir-termite nous assure que nous ne pouvons survivre une minute sans construire, à force de salive et de glaise, un minuscule tunnel nous permettant de ramper en toute sécurité quelques millimètres plus loin. Sans tunnel, pas de mouvement. On a perdu l'ancienne liberté, mais c'est pour en regagner une autre. Gregor sait enfin comment se déplacer, non pas comme ses parents claquemurés chez eux, mais pour de bon. Cette obligation de payer chaque déplacement par l'établissement d'un conduit m'émancipe autant que lui : par reptation, je vais pouvoir explorer où je suis un peu plus longuement – à condition d'y mettre le prix.

La première chose, c'est de savoir jusqu'où je puis aller et quelles sont les limites de ce nouvel espace où je m'apprête à rester confiné pour toujours. À force d'explorations, il semble que les terrestres trouveraient assez rapidement leurs limites s'ils montaient *vers le haut* plus de deux ou trois kilomètres – la distance exacte est disputée – ou s'ils descendaient *vers le bas* de deux ou trois kilomètres (mesure encore plus floue), là où ce que les géochimistes appellent joliment les « roches mères » n'ont été fracturées par aucune racine, par aucun écoulement d'eau, ni dégradées par aucun microbe. Ce serait la limite basse en dessous de laquelle commencerait Univers dans les profondeurs de la planète. C'est du moins ce que j'apprends en traînant dans les couloirs de l'Institut de physique du globe, à la suite d'Alexandra Arènes qui cherche à dessiner ce nouvel espace. Voilà qui nous donne déjà, à nous autres définitivement confinés, une idée assez juste de nos *confins* : les terrestres peuvent se déplacer, mais seulement aussi loin que la nappe, le biofilm, le courant, le flux, la marée montante des vivants nommés Terre ou Gaïa a réussi à créer pour les suivants des conditions d'habitabilité quelque peu durables. Pas un mètre plus loin que cet estran.

S'il faut apprendre à se réjouir de ces limites, c'est que nous ne souhaitons plus confondre la fine couche d'existence de quelques kilomètres d'épaisseur que nous pouvons parcourir avec un équipement idoine et là où nous ne saurions nous rendre que par le truchement de la connaissance imagée – qu'il s'agisse d'aller jusqu'aux confins du cosmos ou de descendre jusqu'au centre de la terre. De même que Gregor, devenu blatte ou hanneton, s'aplatit sous son sofa pour se cacher, les terrestres se rendent compte qu'ils doivent s'abriter au sein d'une couche minuscule par comparaison avec ce qu'ils imaginaient de cet extérieur qu'ils ont choisi d'appeler Univers et où ils avaient auparavant l'impression de voyager sans contrainte, en localisant définitivement chaque lieu grâce à la grille dessinée par les « coordonnées cartésiennes » que nous avons apprises à l'école en comparant les échelles d'une carte.

Pour désigner cette couche, ce biofilm, ce vernis, Jérôme Gaillardet m'a appris à utiliser l'expression de *zone critique*. C'est assez bien trouvé, car en comprendre la tension, la fragilité, le bord, l'interface est, en effet, une question *critique*. Ce qui ne va pas sans modifier le sens de cet adjectif. Dans ma jeunesse, les générations précédentes entendaient par « esprit critique » la capacité d'apprendre à douter en gardant ses distances. Alors que vivre dans une zone critique, c'est apprendre à *durer un peu plus longtemps*, sans mettre en péril l'habitabilité des formes de vie qui vont venir à la suite. Le mot critique ne renvoie plus seulement à une qualité subjective et intellectuelle, mais à une situation périlleuse et terriblement objective, en faisant preuve de *proximité critique*.

Ce n'est pas seulement une question d'espace, mais aussi de consistance des relations, comme si nous avions changé de monde et que rien ne résonnait comme avant. C'est ce qui donne à ceux qui se déconfinent le sentiment d'avoir vécu la même métamorphose que Gregor. À la limite, nous ne sommes plus exactement des « humains » à l'ancienne, et c'est ce qui nous met si mal à l'aise, surtout quand nous pestons contre ces masques qui nous asphyxient à demi.

Pendant le confinement, nous avons pu faire l'expérience, du moins les plus privilégiés d'entre nous, que, même si nous n'étions pas autorisés à sortir de nos appartements ou marcher plus loin que le kilomètre réglementaire, nous avions néanmoins accès, par le truchement des « moyens de communication », à un *autre monde* de films, de Zoom™, de Skype™ et autres Netflix™. Nous avons ressenti un fort contraste entre, d'un côté, les murs, les meubles, la chambre, le lit, le chat, les enfants, que nous pouvions toucher, mesurer, renifler, et, de l'autre, les histoires, les cours, les achats à distance et les *chats* qui provenaient de cet autre monde, mais que nous ne pouvions ni toucher, ni sentir, ni embrasser. Cela me permet peut-être de faire ressentir, toute proportion gardée, qu'il en est de même de la différence entre l'expérience que les terrestres ont de leur zone critique et la compréhension *indirecte* qu'ils peuvent avoir d'Univers.

Pour accéder à ce dernier, il ne suffit évidemment pas de disposer d'un bon wifi, il faut avoir accès au flux d'images, d'inscriptions, de traces, d'articles que procurent les instruments, les capteurs, les sondes, les campagnes de fouilles, les explorations, les satellites, qu'ont inventés au cours du temps de vastes communautés de savants plus ou moins richement dotés. Pourtant, aussi époustouflantes que soient les séries de données ainsi obtenues, aussi remarquable l'imagination nécessaire pour les interpréter, aussi précis que soient les calculs qui permettent de lier les données entre elles, il n'en reste pas moins que lesdits savants ne doivent pas quitter d'un centimètre le bureau où ils contemplent l'écran où scintillent leurs données. Ils sont tous, pour prendre une expression que le confinement a popularisée, *en télétravail*, c'est-à-dire à distance de la chose dont ils parlent. Ils accèdent à ces choses aussi objectivement que possible, mais eux-mêmes ne sont jamais délocalisés. D'ailleurs, s'ils cessaient de consulter leurs écrans, ils risqueraient de glisser de la connaissance imagée à l'imagination, bientôt à l'imaginaire, peut-être même à la rêverie. Aussi loin qu'ils aillent, pour connaître *assurément*, ils doivent rester rivés à leurs données, littéralement le nez dans leurs calculs. Leur vision n'est donc jamais « de nulle part ». Ce point de sociologie des sciences, tout le monde l'a compris en suivant, jour par jour, les progrès en zigzag des connaissances sur le virus. Aucun doute, la lente et douloureuse production de la connaissance objective s'ajoute au monde, elle ne le survole pas.

S'il est capital de ne pas oublier cette leçon du confinement et si dangereux de nous mettre à confondre les « tâches domestiques » et le télétravail, c'est parce que le comportement des êtres de Terre n'obéit pas forcément aux mêmes règles que le mouvement des choses à l'extérieur du *limes*. Alors que les choses auxquelles nous avons accès dans Univers, par le truchement des images, donnent le spectacle, vu de si loin, d'*obéir* à des lois qui leur sont extérieures, les soucis d'engendrement des êtres de Terre viennent de ce que leur cours d'action est *interrompu* en tous ses points par l'intrusion des autres acteurs dont ils dépendent. Confondre les deux, ce serait comme pour un enseignant de croire qu'un cours en ligne peut remplacer un cours « en vrai » ; pour un fan de football de confondre un jeu vidéo avec un match « au contact » ; ou pour une philosophe de prendre la science faite pour la science telle qu'elle se fait. Respecter cette différence revient à ne jamais perdre de vue les innombrables *surprises* qui viennent continuellement hacher les cours d'action lorsque des terrestres interagissent entre eux. (L'adjectif « terrestre » ne désigne pas un type d'existants – puces, virus, PDG, lichens, ingénieurs ou fermiers – mais seulement une manière de se *localiser* en déclinant la série d'ascendants et de descendants dont les soucis d'engendrement se croisent un instant.)

En ligne, nous risquons de nous laisser aller à penser que les phénomènes ne font que *se dérouler continûment* à partir d'un état initial jusqu'à une conclusion prévisible. Au point de croire que si l'on possédait l'état initial, « tout le reste » se déroulerait « comme prévu » – c'est là tout le péril de la vie en télétravail. Avec Terre et, donc, « en vrai », c'est surprises à tous les étages. La continuité est forcément l'exception puisque les soucis d'engendrement exigent de chaque existant quelque chose comme une invention, comme une création, fût-elle minuscule, pour atteindre ses buts en franchissant l'inévitable hiatus de l'existence imposé par les multitudes par lesquelles doivent passer ceux qui ont choisi de durer un peu plus longtemps. Il convient par conséquent de ne pas confondre l'accès à Univers *en ligne*, et la vie avec Terre *en présentiel* !

Or je ressens avec force que les générations précédentes – puisque c'est bien d'un conflit de générations, ou plus exactement d'un conflit d'engendrement qu'il s'agit – nous ont poussés à confondre les deux types de mouvement. C'est en ce sens qu'elles nous ont rendu la vie impossible ! Après avoir tenté pendant des siècles d'imaginer Univers selon le modèle donné par Terre – la fameuse analogie du micro et du macrocosme –, on a voulu ensuite prendre un modèle d'Univers comme une excellente manière de remodeler la vie sur Terre. Ce qui revenait à tenter de *lisser tous les hiatus* pour les remplacer par le simple *déroulement* de phénomènes connus d'avance et qui *descendraient* continûment de leurs causes vers leurs conséquences.

Ce qui revenait à faire comme s'il n'y avait plus aucun souci d'engendrement à prendre en compte pour assurer la continuité des cours d'action. Du coup, ce qu'on appelait auparavant, toujours en grec, la *phusis*, s'est trouvée comme recouverte, enfouie, cachée sous la « Nature » dont on disait jadis, avec raison, qu'elle « aime à dissimuler » !

C'est d'ailleurs sur cette distance entre le laboratoire et le terrain que les chercheurs des zones critiques ont élaboré leur paradigme : si le laboratoire prévoit si mal ce qui se passe sur le terrain, disent-ils, c'est parce que les phénomènes qui s'y déroulent rapidement sont *ralentis* par *l'intrusion* de mille autres acteurs qui viennent s'ajouter au déroulement des transformations chimiques espérées en déroutant leur cinétique et en compliquant les calculs. Plus les observatoires des zones critiques se multiplient, plus l'*hétérogénéité* de Terre s'accroît. Or dire d'une zone qu'elle est « hétérogène », c'est insister encore une fois sur ces soucis d'engendrement et sur le mélange des êtres dont dépend son habitabilité à long terme. Ce qui impose d'inventer des modèles *ad hoc* plus ou moins bricolés pour chaque phénomène et presque chaque site jusqu'à faire l'inventaire de tous ces enlacements.

Ce qui multiplie les difficultés, c'est que Terre ou Gaïa ne s'est pas répandue « partout ». Je me suis même aperçu, quand Timothy Lenton s'est mis à regarder la zone critique depuis le point de vue d'Univers – et donc depuis son bureau du Global Institute de l'université d'Exeter staffé par d'excellents chercheurs tout ce qu'il y a de plus terrestres –, que Gaïa pesait pour presque rien comparée à l'énergie venue du soleil – 0,14 % – ou comparée à celle déployée depuis le centre de la planète terre (nom commun, que nous ne confondons plus avec le nom propre). Ce qui explique la difficulté des physiciens à prendre au sérieux l'influence de la vie. Vu de loin, le biofilm dans lequel se trouvent confinés les terrestres possède l'apparence d'un très mince lichen. D'où la tentation, il faut le reconnaître assez puissante, de déconsidérer tout à fait ce qui se passe avec Terre. Un peu de poussière, un peu d'humus, un peu de vase. Pauvres terrestres qui devez payer votre subsistance seconde par seconde en rapetassant vos pauvres bricolages ! Toujours la canne dressée de papa Samsa contre ces malheureux cancrelats. Comme si la vie en présentiel n'offrait qu'un pauvre succédané de la vraie vie virtuelle.

Ce qui n'empêche pas Terre de pouvoir accueillir, par moments, des portions d'Univers. En effet, il est heureusement possible, à force de calculs, à grand renfort d'équipements, par de longs apprentissages, à l'intérieur d'enceintes protégées, de créer en vase clos des petits puits d'Univers, où les choses se déroulent en effet comme prévu en descendant des causes vers leurs conséquences. Après d'excitantes découvertes et de longues répétitions au cours desquelles, bien sûr, rien ne s'est passé comme prévu... Ce sont les laboratoires, si aimés des historiens et des sociologues des sciences, les accélérateurs de particule, les piles atomiques, et jusqu'au stupéfiant ITER qui parvient, par un *confinement* vraiment extrême, à générer quelques microsecondes de fusion semblable à celle qui fait briller le soleil. Oui, mais cette prouesse se passe justement à Saint-Paul-lez-Durance, *dans* les Bouches-du-Rhône, à grand renfort de milliards, et, surtout, sans quitter l'enceinte surveillée jalousement par des techniciens, ingénieurs, inspecteurs et surveillants, tous parfaitement terrestres, sous peine de catastrophe.

Ces puits, ces flaques, ces isolats d'Univers à l'intérieur de Terre ne forment donc jamais, sauf en rêve, un ensemble continu. C'est plutôt comme une chaîne de *huis clos* – ô combien claquemurés – dont chacun dépend de l'ingénuité des vivants, ingénieurs, chercheurs, techniciens et managers. Rien dans ces localités qui soit en mesure de *se substituer* à ce dont Terre est tissée. Nous nous en sommes tous aperçus, je crois, en voyant les difficultés des médecins et des épidémiologistes pour « unifier » jour après jour leurs savoirs sur ce damné Covid 19.

Contrairement aux illusions des générations précédentes qui voyaient Gaïa comme des taches bizarres se détachant sur un espace homogène, lisse et continu d'Univers, les terrestres ont plutôt tendance, en inversant l'image, à rencontrer sur leurs chemins des îlots d'Univers maintenus à grands frais qui se détachent clairement, par le tranchant de leurs bords, sur le léger tapis tissé par l'enchaînement que les vivants emmêlés ne cessent de ravauder. Oui, ces archipels sont admirables ; j'ai les larmes aux yeux chaque fois que j'entends décrire une belle expérience ; mais ce sont des exceptions dans un monde que soutiennent continûment de tout autres puissances d'agir. Comme dans ces images ambigües où le lapin peut devenir canard et inversement, ce qui était à l'arrière est passé au premier plan.

Voilà encore un sujet d'apparence métaphysique, pour lequel le récent confinement offre un modèle vraiment admirable. Il se trouve en effet que nous avons dû reconnaître, pendant que nous voyagions en ligne dans les « espaces infinis » (ou, à défaut, que nous étions transportés dans des séries télévisées à épisodes multiples...), que nous ne pouvions survivre longtemps sans une multiplicité de métiers dont nous n'avions jusqu'ici, il faut le reconnaître, qu'une conscience assez vague : des métiers de bouche, des livreurs, des transporteurs, sans oublier les infirmières, ambulanciers et « soignantes », tout un peuple de gens aussi mal payés que mal considérés, souvent « de couleur » comme on disait naguère, et parfois sans papiers. Achever le plus simple cours d'action comme se nourrir nécessitait le soutien de bien des agents pour « assurer la continuité » de la vie la plus ordinaire – on le savait vaguement mais on le vérifiait durement. Les métiers que l'on avait tendance à mépriser redevenaient essentiels, et inversement. Brusquement, le travail des enseignants paraissait bien difficile aux parents tenus d'enseigner le calcul ou la lecture à leurs bambins. Dans chaque famille, les grandes injustices dans la répartition des tâches entre les sexes devenaient plus saillantes. La vie quotidienne exigeait un travail de tous les instants, pour assurer, là encore, la simple reproduction des jours.

Si l'expérience du confinement me semble si instructive, c'est parce qu'elle rend sensible la longue histoire de l'élimination progressive, au cours du temps, des soucis d'engendrement, ce qui veut dire, il suffit de regarder l'étymologie du mot, des soucis, ou plutôt des *troubles dans le genre*. Ce n'est pas pour rien, en tout cas dans notre langue, que Terre est un nom (propre) féminin – et comment oublier qu'il en est de même de Gaïa ? – alors qu'Univers est un nom masculin. Avec d'autres philosophes et historiennes, Émilie Hache est en train de reconstruire l'étrange répartition qui limiterait les questions d'engendrement à la procréation des femelles ou des mères, en imaginant pour les mâles une tout autre genèse qui se dispenserait entièrement de la naissance – ou, en tout cas, les ferait naître par la suite d'*eux-mêmes* et d'*eux seuls* – autochtones ! Au point que l'on en serait arrivé à identifier femme, naissance, maternité et vie, alors que les mâles seraient nés directement d'Univers – si seulement ils acceptaient d'être nés... Tous les soucis d'engendrement d'un côté, alors que l'autre moitié serait délivrée de tout souci de procréation, d'éducation ou de soin.

Il me semble que les terrestres, je l'ai appris de Donna Haraway, aiment à se raconter d'autres histoires, sans beaucoup de rapport avec celles de leurs parents, *et surtout de leurs pères*, et dressent entre eux de tout autres généalogies. Il ne faut pas confondre l'engendrement et la reproduction à l'identique. La dernière des solutions serait de *réduire* les capacités de genèses à un seul des deux genres, comme s'il fallait enfermer le féminin dans la procréation, et laisser le masculin à quoi ? Engendrer, ma foi, se fait de multiples façons – comme le dit Donna : « *Make kin not baby.* » Mieux vaudrait distinguer ceux qui reconnaissent qu'ils sont nés, qu'ils ont besoin de soin, qu'ils ont des prédécesseurs et des successeurs – à savoir les terrestres –, de ceux qui se rêvent apportés par des cigognes ou venus dans des choux, en tout cas sortis tout faits de la cuisse d'Univers – et qui ne souhaitent que d'y rentrer. Ces derniers se réservaient encore il y a peu le privilège de se nommer « les humains ». Voilà qu'ils subissent aujourd'hui un choc qui les a désorientés : Gaïa et le féminin ne seraient pas sans rapport !

5
Troubles d'engendrement en cascade

Tout se passe comme si le confinement imposé par le virus pouvait me servir de modèle pour nous familiariser peu à peu avec le confinement généralisé imposé par ce que l'on appelle, d'un doux euphémisme, la « crise écologique ». Tu sens bien qu'il ne s'agit pas d'une crise, mais d'une mutation : tu n'as plus le même corps et tu ne te déplaces plus dans le même monde que tes parents. Pour le moment, il nous arrive la même chose qu'à Gregor, et nous sommes terrifiés par cet enfermement définitif. L'étrange promesse impliquée par le titre « métamorphose » choisi en français pour traduire *Die Verwandlung* de Kafka, tu ne la ressens pas plus que moi – en tout cas, pas encore. C'est bien trop cruel de ne plus pouvoir vivre comme des humains à l'ancienne, c'est-à-dire comme des humains modernes. Le plus étrange, c'est que cette angoisse est partagée par tous, à toutes les échelles, à propos de tous les existants, au point d'introduire une sorte d'*universalité d'un nouveau genre*, tout à fait étrangère à ce que l'on mettait naguère derrière l'expression « les humains ». C'est comme si nous avions affaire à une cascade de troubles dans l'engendrement qui nous unifierait malgré tout par défaut.

Je retrouve d'abord de telles inquiétudes dans les positions politiques. Quand des jeunes gens baptisent leur mouvement « Extinction Rébellion », il n'est pas trop difficile d'y voir le symptôme d'un doute angoissant sur la suite des générations – et pour eux il ne s'agit pas que du sort des humains. Il n'y a pas non plus besoin d'être très malin pour détecter dans la diffusion virale des thèmes de l'effondrement et du collapsus des versions de cet « arrêt de monde » si bien diagnostiqué par Deborah Danowski et Eduardo Viveiros de Castro : c'est comme si les gens disaient : « Il n'y a plus rien au-delà de cette limite : *no future.* »

Est-ce que je me trompe en discernant, de l'autre côté du « spectre politique », un souci semblable, exprimé cette fois-ci par la panique devant le retour du féminin, au point que les « théories du genre » sont prises pour une agression insupportable « contre la famille », ce qui oblige à reprendre de façon toujours plus stridente la « lutte contre l'avortement » et les autres sexualités ? Comment parler plus directement de soucis d'engendrement ? Et que dire de cette hantise du « Grand Remplacement » qui obsède l'extrême droite ? Oui, bien sûr, il s'agit de haine contre d'autres humains et non pas de rage devant la destruction des êtres non humains, mais n'est-ce pas la même peur ? Au moment même où les opinions se croient plus radicalement divisées que jamais, ne seraient-elles pas unifiées, malgré tout, par la même angoisse ? Pèserait alors sur tous les projets politiques comme une menace diffuse d'extinction. Comme si le principe généalogique avait subi une interruption brutale. Kafka n'aurait pas été surpris : les « familles politiques » ont toutes, en effet, des *problèmes de famille.*

La mutation se détecte à ceci que la politique ne suscite plus en nous les mêmes affections. D'ailleurs, pendant le confinement, ce n'est pas de faire repartir rapidement la production qui nous a préoccupés, mais, au contraire, nous avons ressenti une suspicion généralisée sur l'intérêt de « repartir » comme avant sur la « voie du progrès ». Au lieu de chercher aussitôt la « reprise », il me semble que nous sommes nombreux à avoir ressenti les risques courus par la genèse de toutes les formes de vie. Brusquement la question revenait dans les chaumières : « Sur quelle terre vais-je bien pouvoir vivre, moi et mes dépendants ? » Comment comprendre autrement ces formes nouvelles d'intérêt pour le sol, pour la terre, pour le local (sans oublier l'attrait du jardinage et l'étrange passion pour la permaculture !) qui m'auraient paru « réactionnaires » il y a dix ans ? Si je ne peux pas les situer facilement entre gauche et droite, c'est que tout le monde « réagit » en effet de mille façons à la même inquiétude par mille symptômes différents. Comme si le cœur de la vie publique était bel et bien occupé par une question de *reprise* en effet, mais celle, ô combien existentielle, des générations – d'insectes et de poissons, de climats ou de moussons, de langues ou de pays, aussi bien que de petits d'homme. Ce que résume assez bien, il faut le reconnaître, la figure du retour sur terre, comme s'il était temps d'atterrir pour de bon – sauf que la terre dont on avait cherché à décoller ne sera plus la même…

Le doute sur la reproduction des conditions d'habitabilité est rendu plus douloureux encore par l'effondrement de l'« ordre international ». Comme si nous avions autant de peine à définir la suite de notre histoire généalogique que les limites de notre histoire nationale. S'il y a un quadrillage de l'ancienne planète terre qui ne correspond en rien aux exigences, influences, mélanges et relations des existants qui forment Terre, c'est bien celui qui délimite les souverainetés héritées du passé. Pour cette raison que Pierre Charbonnier nous enseigne si bien : chaque État délinéé par ses frontières est obligé par définition de *mentir* sur ce qui lui permet de vivre, puisque, s'il est riche et développé, il doit s'étendre en douce sur d'autres territoires dont pourtant il ne se reconnaît aucunement responsable. Hypocrisie fondamentale qui crée une déconnexion entre, d'un côté, *le monde dans lequel je vis*, en tant que *citoyen* d'un pays développé, et, de l'autre, *le monde dont je vis*, en tant que *consommateur* de ce même pays Comme si chaque État riche se doublait d'un État fantôme qui ne cessait de le hanter, une sorte de *Doppelgänger* qui d'un côté le fait vivre et, de l'autre, est dévoré par lui.

Si un État se limitait à ses frontières, il ne vivrait pas. D'où son inquiétude : comment subsister ? Ce porte-à-faux, nous le ressentons forcément comme une angoisse, surtout si nous sommes riches ; et encore plus si nous sommes de ces générations qui en ont profité le plus longtemps, les célèbres et si encombrants *baby boomers*. Sentiment d'étouffement qui s'accroît au fur et à mesure que s'intensifie la mutation climatique. Panique que beaucoup de mes concitoyens semblent partager sous la forme d'un retour imaginaire à une patrie passée, encore plus étrangère à ce qui leur permettrait de reprendre vie que le monde globalisé vers lequel ils voguaient jusque-là. Ce qui fait que la tentation nationaliste se répand partout au moment exact où ce beau vocable de *nation* ne permet plus d'aider un peuple à *renaître*. Il s'agit pourtant bien de renaissance oui, mais *où* et *avec qui* ?

Si on sent bien qu'il est impossible aux citoyens des États-nations, surtout s'ils sont riches et puissants, de répondre à ces questions, c'est à cause de la notion même de *frontière* à l'abri de laquelle ils étaient supposés protéger leurs citoyens, mais qui les empêche, en fin de compte, de les faire vivre. Comme cette réserve du Kenya visitée avec David Western qu'un riche milliardaire avait entourée de hautes barrières pour que sa « vie sauvage » – sa *wild life* – ne s'en échappe pas, mais qui, quelques années plus tard, était devenue un désert où ne broutaient que quelques vaches efflanquées, trop paresseuses ou trop affaiblies pour sauter par-dessus le grillage. C'est là le nouvel universel qui se retrouve chez tous les existants, mais un universel particulièrement teigneux : nous sommes tous concernés par les *limites de la notion de limite* ; nous avons de la peine à situer le *nomos* de la terre. Il me semble que l'intrusion de Gaïa ne se manifeste pas seulement par un intérêt pour la « Nature », mais par une incertitude générale sur nos enveloppes protectrices. Si la mauvaise nouvelle est celle du confinement, la bonne est celle de la remise en cause des notions de frontière. Nous perdons d'un côté l'étrange idée de nous échapper hors de toute limite, mais nous gagnons de l'autre la liberté de nous mouvoir d'enchevêtrements en enchevêtrements. D'un côté, la liberté est brimée par le confinement, de l'autre, nous nous libérons enfin de l'infini.

Du coup, il faut penser non plus en termes d'*identité* mais de *superposition* et d'*empiètement* pour descendre un peu dans l'éthologie des vivants. Les écologues appellent *autotrophes* ceux qui se nourrissent *par eux-mêmes* en prélevant tout ce dont ils ont besoin pour vivre, en l'extrayant du soleil à la manière des amoureux qui, selon l'adage, « vivent d'amour et d'eau fraîche » (sauf que ce n'est pas vrai des amoureux...). Vous pourriez compter parmi les autotrophes les bactéries et les plantes – et bien sûr Gaïa. Au sens strict, au sens légal, on pourrait dire que seuls les autotrophes auraient le droit de se considérer comme autonomes, autochtones, et bel et bien délimités par une frontière. Ils auraient seuls une identité. Au cas fort peu probable où cela les intéresserait, ils bénéficieraient en quelque sorte naturellement d'un *droit de propriété exclusive,* puisqu'ils ne dépendent en effet d'aucun autre terrestre pour mener à bien leurs affaires. Quant aux *hétérotrophes,* tous les autres, tous ceux dont nous avons l'expérience quotidienne, bêtes et gens, puisqu'ils dépendent pour exister d'un corps fantôme parfois, comme les États, de dimensions extravagantes, ils n'ont évidemment aucun droit, en tout cas aucun *droit naturel,* à se revendiquer d'un privilège de propriété exclusive. À moins de mentir et d'être hypocrite en déniant l'existence des terrestres qui les font vivre. De quoi déclencher, on le comprend, chez chacun d'entre nous, une énorme crise de mauvaise conscience. Notre malheur est d'être confinés, mais de n'avoir pas, au sens propre, de « chez nous ». Or c'est justement ce qui nous permet d'échapper aux pièges de l'identité. Grâce au confinement, on respire enfin !

Si cette délimitation entre les autotrophes et les hétérotrophes n'est pas tout à fait claire, c'est parce que les bactéries et les plantes, inévitablement, par leur simple métabolisme, laissent derrière elles des déchets. C'est d'ailleurs un récit canonique de l'histoire ancienne de la terre que les cyanobactéries, tout autotrophes qu'elles soient, se sont mises à polluer l'atmosphère d'il y a deux milliards et demi d'années, par le rejet d'un oxygène hautement toxique pour leurs prédécesseurs, ceux qu'on appelle « anaérobies » qui ont dû, pour cette raison, se réfugier dans les profondeurs afin de subsister. Ainsi, même les autotrophes influencent de façon décisive les autres terrestres qui ont été obligés de se débrouiller plus ou moins bien avec les conséquences imprévues de leurs actions. Emanuele Coccia aime à définir les animaux même « supérieurs » – humains compris – comme ceux qui respirent les déjections des plantes. C'est même une définition plus précise des terrestres que cette manière de dépendre *en amont* de ce qui les fait vivre et *en aval* de faire dépendre les suivants de ce qu'ils rejettent. Terre est tissée de ces concaténations-là.

C'est là où les affects politiques sont en train de subir un renouvellement accéléré, oui une vraie métamorphose. Les « humains » à l'ancienne, quand ils se présentent aux autres peuples comme des « individus » dotés du privilège d'exercer un droit de propriété exclusive, nous paraissent, à nous les terrestres, de plus en plus étranges. Ce droit d'être « individuel » ne saurait être revendiqué que par des existants *parfaitement autotrophes et qui ne laisseraient derrière eux aucun résidu.* Ce qui ne peut s'appliquer qu'à Gaïa qui, par définition, se contient elle-même dans ses enceintes et dans ses niches. (Ce qui lui permettrait, toujours selon la même logique, de revendiquer, si cela pouvait la concerner, un droit de propriété et même une forme assez neuve de souveraineté – affaire à suivre.) Mais, s'il y a une peuplade qui ne peut en aucun cas et sous aucun rapport se déclarer faite d'individus délinéés comme par une figure en fil de fer, à l'intérieur d'une frontière assurée, c'est bien toi l'« humain » moderne auquel tu avais, jusqu'il y a peu, la fierté d'appartenir. C'est d'ailleurs pourquoi la description du devenir-insecte de Gregor apparaît si *réaliste*, par contraste avec les autres personnages de la nouvelle grossièrement silhouettés.

La crise universelle qu'a révélée le confinement, c'est que tous les outils juridiques et savants qui permettaient aux « humains » de penser leurs relations s'appliquaient à un monde que personne n'avait jamais habité ! On comprend leur effroi. Il s'agissait d'un enchâssement de romans d'individus fictionnels qui s'aperçoivent soudain qu'ils habitent avec Terre, pour toujours emmêlés, embrouillés, envasés, superposés les uns dans les autres, sans pouvoir limiter ces liens ni à la coopération ni à la compétition. Oui, comme Gregor, embarrassés de leurs pattes et de leurs antennes – sans oublier leurs déjections.

Les limites de l'individu gênaient aux entournures, tout le monde s'en rendait bien compte, mais je comprends maintenant pourquoi cette figure qui n'existe nulle part sur Terre n'a trouvé sa forme la plus achevée que très tardivement, en Amérique du Nord, après la dernière guerre, et, en plus, dans un roman aussi lourdement écrit que redoutablement efficace, par une certaine illuminée du nom d'Ayn Rand. Son histoire raconte que, écrasés, tel Atlas, du poids de tenir le monde en payant trop d'impôts, les entrepreneurs qu'elle admire décident de laisser tomber leur fardeau pour pouvoir se réfugier dans une vallée mystérieuse, second monde imaginaire inventé pour fuir un monde qui l'était déjà – *Atlas délesté* est le titre d'un des romans de cette aimable personne ! C'est seulement dans cet ouvrage de fiction, rédigé dans un pays « hors sol », que les héros, des individus « supérieurs » parce qu'ils « ne doivent rien à personne », décident de faire grève en affamant tous les pauvres hères qu'ils ont décidé de priver de leur géniales initiatives ! Comme si l'envol d'Elon Musk pour Mars était supposé faire pleurer de tristesse neuf milliards de terriens, abandonnés par lui... *left-behind poor blokes*. Avec Terre, bien sûr, on ne rencontre aucun de ces personnages de roman. L'individu dans le monde, c'est toujours un hapax littéraire, un *cogito* de théâtre, on le sait depuis Descartes. Et donc chaque fois qu'un individu se présente comme tel et revendique un droit de propriété exclusive sur quelque bien, cela devrait nous faire rire.

Le plus étrange c'est que ce qui est vrai de l'individu politique l'est aussi de l'individu biologique. Si les États ont quelque peine à « gérer », comme on dit, leurs ressources aussi bien que leurs déchets, il ne faut pas leur en vouloir, puisque les biologistes ont le même problème avec ce qu'ils appellent les « organismes vivants », qu'il s'agisse des animaux complets ou de leurs cellules ou de leurs gènes. La cascade continue à rebondir plus loin dans toutes les sciences naturelles où l'on ne cesse de mesurer la difficulté de tenir les existants distincts les uns des autres.

J'ai appris de Scott Gilbert et de Charlotte Brives que, paradoxalement, si les organismes obéissaient vraiment aux contraintes du néodarwinisme, s'ils étaient vraiment faits de gènes égoïstes, enchâssés dans des organismes qui calculeraient très exactement leurs intérêts de reproduction à la virgule près, ils seraient incapables de survivre. D'abord parce qu'ils dépendent des niches qui leur assurent des conditions d'habitabilité plus ou moins favorables, et ensuite parce qu'ils ont besoin, en chaque point de leur développement, du secours imprévu d'autres agents. Que peut signifier la sélection naturelle d'une vache si la fabrication de son intestin dépend de la sélection parallèle d'une myriade de bactéries qui, pourtant, ne font pas partie de son ADN ? Qu'est-ce qu'un corps « humain », si le nombre des microbes nécessaires à son entretien dépasse de plusieurs ordres de grandeur le nombre de ses cellules ? L'incertitude sur les bords exacts d'un corps est si grande que Lynn Margulis a proposé de remplacer la notion trop réduite d'organisme par ce qu'elle appelle des « holobiontes », ensemble d'agissants en forme de nuages aux contours flous qui permettent à des membranes un peu durables de subsister grâce au secours que l'extérieur apporte à ce qui tient à l'intérieur.

Ce qui rend le confinement à la fois si douloureux et si tragiquement intéressant, c'est que la question de l'engendrement se pose désormais à toutes les échelles et pour tous les existants, entraînant une incertitude grandissante sur la notion de limite. Vous avez tous compris que la pandémie du Covid 19, même si on finira bien par en voir la fin, ne fait que préfigurer une situation nouvelle dont vous ne sortirez pas. D'où l'irruption d'une forme très paradoxale d'universalité négative – personne ne sait comment s'en tirer durablement – mais en même temps positive – les terrestres se reconnaissent comme ceux qui se trouvent tous dans le même bateau. D'un côté on se sent prisonnier, de l'autre on se sent libéré. D'un côté on étouffe, de l'autre on respire. C'est à se demander si l'expression de « conscience planétaire », plutôt vide jusque-là, n'avait pas commencé à se charger de sens. Comme si l'on entendait dans le lointain ce slogan imprévu mais chaque jour mieux articulé : « Confinés de tous les pays, unissez-vous ! Vous avez les mêmes ennemis, ceux qui veulent s'échapper dans une autre planète. »

6
« Ici-bas » – sauf qu'il n'y a pas de haut

Ce qui me trouble le plus quand j'essaie de partager cette nouvelle insertion du planétaire dans la politique, c'est que j'ai l'impression de priver d'air ceux à qui je m'adresse, comme si je coupais l'aide respiratoire d'un patient gravement atteint du Covid. Toutes les émotions modernes poussaient à s'extraire, à se sortir, à s'émanciper, à respirer à pleins poumons, et soudain, à cause de cette mutation, on a l'impression d'étouffer. Et puis, après un temps, on s'aperçoit que l'on respire mieux.

La situation est d'autant plus difficile pour les âmes religieuses qui se trouvent suspendues dans l'expression de leur foi. D'un côté, elles n'acceptaient de vivre dans cette vallée de larmes que *pour un temps* avant de pouvoir s'en aller *ailleurs* ; d'un autre côté, le sentiment que le confinement est définitif et qu'il n'est plus question de s'en aller ailleurs ou, pour reprendre une figure vénérable, « au Ciel », donne enfin à l'« ici-bas » sa dignité, également définitive.

D'un côté, ils ont l'impression que c'est l'abandon de toutes leurs espérances ; de l'autre, que c'est enfin la condition même pour qu'elles se réalisent. Quel sens pourraient-ils donner à l'incarnation d'un Dieu fait homme, s'il fallait s'échapper hors du monde ?

Évidemment, ce « haut » n'a jamais voulu dire, tous les croyants le savent bien, une *altitude* qu'on pourrait mesurer avec un laser en se déplaçant dans l'espace isotrope – celui des fameuses coordonnées cartésiennes. Les croyants qui dirigeaient autrefois leurs regards, leurs espoirs, leurs espérances « vers le Ciel », ne mesuraient pas une distance en kilomètres, mais une distance en *valeur*. Le dessus d'une icône byzantine avec sa mandorle dorée est bien « en haut », mais c'est pour établir le plus grand contraste avec l'« ici-bas » des pauvres pécheurs rendus par des couleurs sombres. Oui, ce contraste recoupe ce qui, plus tard, quand on se sera cru moderne, deviendra le ciel – *sky* –, mais enfin rien dans ce Ciel-là – *Heaven* – ne signifie que l'on doive vraiment s'en aller en s'élevant pour de bon dans l'air (comme la fusée qui doit emporter sur Mars l'entrepreneur Elon Musk au grand désespoir des terriens...). Quand l'âme de la Vierge recueillie par son Fils était emportée vers le haut de l'icône, elle ne montait pas sottement à travers l'espace, mais elle se métamorphosait en allant *au Ciel*.

Sauf que tout s'est compliqué depuis les temps anciens et de plus d'une façon. L'importation progressive sur Terre des formes de déplacement dans l'espace imaginées pour Univers a eu pour effet, depuis le XVIIe siècle, de rendre incompréhensible ce qu'on appelait jusqu'ici l'*ici-bas*. C'était une forme ancienne, première, ancestrale du terrestre, associée à l'ancienne *phusis* : un puissant sentiment de confinement, de misère, de limite, de maladie, de morts à pleurer et de vies dont il fallait prendre soin. Ce qui justifiait l'envol vers un au-delà de paix, de récompense et de salut. Le contraste entre le bas et le haut avait un sens.

Mais, ensuite, cet ici-bas est devenu « matière ». Rien de matériel bien sûr dans cette « matière » puisque tous les soucis d'engendrement en étaient par principe évincés. C'est toute l'étrangeté de l'idée de « chose étendue » – de *res extensa* – pour définir le comportement des objets du monde, avec l'idée plus étrange encore de poser en face d'elle une « chose pensante » – la *res cogitans*. Il est évident que personne, malgré tous les efforts pour étendre partout cette « chose étendue », n'a jamais vécu selon une telle dichotomie, si contraire à l'expérience. Mais comme elle donnait néanmoins l'impression de pouvoir se déplacer partout sans nouvel effort, cette idée abstraite de la « matière » a eu pour effet de rendre impossible de localiser ce Ciel vers lequel tendait toujours, malgré tout, l'espérance des pauvres pécheurs. Nous regardions toujours en l'air, mais le ciel s'était vidé. L'assomption de la malheureuse Vierge ne se faisait plus par *transfert de valeur* vers le Paradis dans un déluge d'ors et d'anges, mais par une *translation* à travers l'espace, à grand renfort de *putti* et de cumulonimbus. Sans pour autant donner à ce vaisseau spatial mal conçu la moindre aptitude à se mouvoir pour de bon.

L'échec récurrent de ces sortes de tirs de fusées a eu pour conséquence l'invention par les croyants, à partir du XVIIIe siècle, d'un monde « spirituel » qu'ils prétendaient situer encore plus haut que le haut, en tout cas très au-dessus du monde « matériel », et dans lequel ils pourraient enfin jouer à déplacer à leur aise les saintes figures. C'est dans ce « monde spirituel » supérieur, placé comme une couche horizontale et claire *au-dessus* de la couche plus sombre du « monde matériel », qu'était censée se dérouler la suite de l'histoire « après la vie ». Fin apparente du confinement : enfin une porte de sortie – du moins pour les morts roulés dans leurs linceuls.

Cette invention aurait été sans grand danger, elle n'aurait fait que couvrir les sanctuaires des églises de fresques fades et de mièvres statues de plâtre, si cette partition entre matériel et spirituel n'avait pas été *laïcisée.* Le sentiment religieux peut enclencher des crises de folie, mais la religion sécularisée rend fou pour de bon. Et c'est ce qui s'est passé. Dans la fuite hors du monde « matériel » vers le monde « spirituel », on sentait encore trop l'odeur de l'opium distillé par des curés pour endormir le peuple. Mais dans la fuite hors du monde « matériel », vers un monde « spirituel » apparemment *rematérialisé,* on ne voyait plus que des valeurs *positives,* à même d'enthousiasmer les ci-devant pécheurs désormais tournés vers le progrès, l'avenir, la liberté, l'abondance, nouvelles figures du Ciel – *Heaven* – *fusionnées* avec celles du ciel – *sky*. Elles tenaient du ciel puisque le progrès paraissait pratique, réaliste, empirique, mais, du Ciel, ces figures conservaient la valeur décisive, longtemps portée par les croyants, d'accéder à quelque chose de définitif et d'absolu. Le beurre et l'argent du beurre. L'amalgame n'était bien sûr pas stable, mais il a paru pour un temps irrésistible : toujours la quête du Paradis, mais *sur terre* !

Sauf que « sur terre », nous le ressentons dans la douleur, cela ne veut pas dire du tout « sur Terre » – au sens des terrestres. En faisant redescendre vers le bas un monde imaginaire qui montait vers le haut, te voilà tombé dans un monde encore plus imaginaire. C'est là où l'effet du confinement se fait sentir le plus douloureusement et tourneboule toutes les têtes, même les plus généreuses et les plus idéalistes. En effet, si les Modernes n'ont cessé de se moquer des curés qui endormaient les masses avec la promesse d'un « autre monde » imaginaire pour qu'elles *n'agissent pas* dans ce monde matériel d'ici-bas, les terrestres, eux, sont à leur tour obligés de ridiculiser les Modernes qui endorment les masses avec leur promesse d'un « autre monde » dont ils réalisent peu à peu – justement grâce au confinement – qu'elle les endort encore plus sûrement, en rendant impossible leur retour sur Terre – leur atterrissage. Si l'appel du paradis empêchait les peuples d'agir, l'impossible réalisation du paradis sur terre a fini par paralyser toutes les formes d'action « pour s'en sortir ». La seule chose que l'on a conservée, c'est la capacité à endormir les masses, en les poussant à fumer des doses toujours plus fortes d'opium...

Mais *de quoi* faudrait-il « se sortir » ? Notre réponse paradoxale, celle des confinés, celle des terrestres, c'est qu'il faut se sortir tout à fait de cette matière si peu matérielle. Mais pour aller où ? Dame, *pour revenir chez soi, là où l'on est, là d'où l'on n'est jamais sorti*. Le malentendu qui a fait s'égarer les religieux vers un monde spirituel au-delà du matériel, puis les religieux sécularisés vers un monde matériel qui aurait toutes les qualités du spirituel (sauf le religieux !), vient de ce qu'ils ont confondu les déplacements des choses dans Univers avec l'engendrement des vivants avec Terre. Cette fameuse « chose étendue », cette *res extensa* dont le monde « matériel » serait fait, n'a pas d'existence palpable « en présentiel ». C'est un outil commode pour repérer sur une grille ce qui est éloigné, parce qu'il permet de *ranger* des données dans des cases dessinées par les coordonnées cartésiennes, mais uniquement en « télétravail ». L'inusable notion de « matière » dont les « choses inertes » seraient faites apparaît désormais comme un amalgame entre le suivi à distance des choses qui se déroulaient de l'autre côté du *limes* et les procédures qui servent à la description. Comme si l'on avait confondu le territoire avec la carte.

En revanche, de ce côté-ci, dans le nouvel ici-bas, dans le sublunaire, nous, les terrestres, nous ne rencontrons pas de « matière » au sens propre, pas plus que de « choses inertes ». Il nous arrive seulement de perturber, de conforter, de compliquer les niches, bulles, enceintes que d'autres vivants tiennent, soulèvent, maintiennent, enveloppent, superposent, fusionnent avec d'autres vivants – sol, ciel, océans et atmosphères compris. En ce sens, notre expérience du monde n'est pas « matérielle ». Elle n'est pas « spirituelle » non plus. Elle est de *composition* avec d'autres corps auxquels il faut ajouter la connaissance imagée des lointains, mais sans jamais pouvoir se satelliser hors de chez soi.

Renouveler cette histoire nous demande, il est vrai, la souplesse d'une contorsionniste : pour s'en sortir, il faut sortir de l'idée de sortir « dehors » et il faut donc se décider à *rester* ou même à *sortir dedans* ! Mais ce qui ne veut pas dire pour autant qu'on va revenir, par désespoir et faute de mieux, aux confins étroits de l'ancien monde matériel (l'ancien monde moderne), comme si nous étions des prisonniers qui se résigneraient à rentrer dans leur cellule faute de pouvoir s'évader pour de bon. Apprendre à arpenter la zone critique, ce n'est revenir en arrière ni vers l'ici-bas d'autrefois, ni vers le monde matériel dont les Modernes voulaient tirer le maximum de profit, tout en le méprisant pour s'échapper ailleurs. On ne peut plus s'échapper, mais on peut habiter d'une autre façon le même lieu, ce qui fait reposer toute l'acrobatie, comme dirait Anna Tsing, sur les nouvelles manières de *se situer autrement* au même endroit. N'est-ce pas d'ailleurs la meilleure façon de rendre compte de l'expérience du confinement ? Chacun s'est mis à vivre *chez soi* mais *d'une autre façon*.

C'est aussi l'expérience des terrestres. Lorsque tu regardes le ciel, tu n'y vois plus le siège divin comme tes ancêtres, consolation de leur vie misérable ici-bas. Mais pourtant tu n'y vois pas non plus la simple altitude qui en mesurerait la distance en kilomètres comme du temps où tu te croyais moderne. Tu es bien obligé de le prendre pour quelque chose comme la *voûte* d'une enceinte constamment maintenue en place par l'activité multiforme et multimillénaire de milliards de puissances d'agir. La limite de cette atmosphère n'est plus du tout pour toi comme la limite d'une poutre mesurée par un double décimètre que tu pourrais prolonger *ad infinitum* par une autre poutre et un autre double décimètre, mais les *confins d'une action* qui a le même *genre de limite* que la surface extérieure d'une fourmilière aux yeux d'une fourmi. On peut l'étendre, oui, mais nullement par un double décimètre ; seulement par la mise au travail, par le recrutement et l'entretien d'une nouvelle cohorte de fourmis – et seulement si les conditions d'une telle expansion sont favorables. Le ciel au-dessus des terrestres n'est plus celui de la « chose étendue » du passé, mais une *membrane* activement maintenue en place et qui doit rester capable de produire un intérieur et un extérieur. La *finitude* n'a pas le même sens pour la poutre et pour la fourmilière.

L'argument nous est devenu, hélas, familier, à nous les confinés, puisque nous le vivons au quotidien chaque fois qu'on nous annonce, hier encore, que les dix dernières années ont été les plus chaudes depuis qu'il existe des mesures du climat. C'est même là que les terrestres sentent le plus douloureusement que la différence entre le supra-lunaire et l'infra-lunaire, dont ils se croyaient « libérés » depuis Galilée, est bel et bien revenue. Nous comprenons bien que la température de la bulle d'air conditionnée à l'intérieur de laquelle nous résidons dépend de notre propre action. C'est cela le véritable confinement, ce destin que nous nous sommes collectivement choisi – sans y penser.

Si, désolés par la sécheresse récurrente, nous nous exclamons : « Mais comment allons-nous nous en sortir ? », la réponse est que *nous n'en sortirons pas*, sauf si nous acceptons de prendre sur notre dos, comme Atlas, cette température, cette atmosphère, cette prolifération de commensaux, qui nous paraissaient naguère un simple « environnement » dont nous n'avions pas à nous occuper, et « dans lequel » nous ne faisions que « nous situer » à la manière d'une poutre. C'est ça le devenir-insecte. C'est ça la métamorphose. C'est ça notre nouvelle liberté, une fois libérés de l'ancienne, celle d'avant le confinement. Tu comprends parfaitement qu'il n'y a plus d'extérieur infini, et quand tu regardes le ciel, désormais, tu y vois une tâche urgente à remplir et que *tu ne cesses de remettre au lendemain* (ce qui explique pourquoi le spectacle de la lune t'apaise aujourd'hui tellement...). Vous aurez beau renâcler, le fardeau que les entrepreneurs imaginés par la sinistre madame Rand avaient prétendu rejeter, vous savez bien que c'est à vous de vous le mettre sur le dos – sans en être écrasés pour autant.

Pour les croyants – mais il ne s'agit justement plus de « croire » – tout repose maintenant sur la capacité de *vivre autrement* ce même monde qui n'est plus exactement « matériel » au sens moderne. Les voilà délivrés du « spirituel » et de l'obligation de fuir hors du monde en tournant les yeux vers le ciel. C'est la chance que saisit pour eux le pape François : délivrés d'un salut en forme d'échappatoire, les voilà tenus de réinvestir la valeur que les religions figuraient un peu naïvement et de plus en plus faussement « en haut », par contraste avec l'ici-bas, grâce à d'autres figures qui travailleraient le même contraste, mais déplacé cette fois-ci dans d'autres images, d'autres rituels, d'autres prières. Non plus le haut et le bas, non plus le matériel et le spirituel, mais la tension entre la vie sur terre et la vie *avec* Terre ? La même exigence de finalité et d'absolu, mais racontée par des formes entièrement différentes ? Ce qui permet enfin, dans la crainte et le tremblement, de comprendre ce qui était latent dans les figures du passé. Nombreux sont ceux qui s'y essayent. Il y faut de la prudence et du doigté, mais il est indispensable de l'espérer, puisque la figure de l'incarnation résonne avec celle de l'atterrissage ; ou que le mot grec pour « limite » est celui d'*eschaton*, et qu'il y a donc à creuser là d'autres figures de l'eschatologie, c'est-à-dire de la *fin*, de la *finalité* comme de la *finitude* du monde. « Envoie ton esprit qui renouvelle la face de la terre », dit le psaume 103, 30. Sans la Terre, quel pourrait bien être le sens de l'Esprit ?

J'ai appris que l'on se gardait mieux du pouvoir toxique des religions en revenant à leur valeur originelle qu'en les sécularisant, ce qui revient toujours à confondre la lettre et l'esprit, en perdant le fil qui lie les valeurs avec les figures provisoires qui les expriment. S'il ne faut pas abandonner les religions du salut à leur sort, c'est parce que les terrestres se trouvent en butte à une version extrême de la religion religieuse et de la religion laïcisée qui ont fusionné « Dieu » et le « Dollar », « God » et « Mammon », dans un projet explicite de fuite définitive hors du monde, qui rend licite de détruire le plus grand nombre possible de ressources, en laissant le plus grand nombre de surnuméraires *left behind* se débrouiller comme ils peuvent. La fin du monde – la fin de leur monde – risque de prendre entre leurs mains un tour terrifiant. La rage de voir s'évanouir l'issue de secours du paradis sur terre peut rendre dangereux des mouvements qui feront tout pour échapper au confinement. Si le déni de la mutation climatique paraît sinistre, il n'apparaîtra bientôt que comme une version savante et presque bénigne des passions qui risquent de se déchaîner quand il faudra en finir avec les religions laïcisées de l'échappée hors du monde.

7
Laisser l'Économie remonter à la surface

Kafka nous l'a raconté : Gregor devenu insecte n'avait raté son train que de deux heures, que déjà son patron furibard, indigné de la paresse de son employé, envoyait son « chargé de pouvoir » frapper à la porte des Samsa. Les confinés de la pandémie ont vécu la même situation mais à une échelle gigantesque : en quelques semaines, ce qu'on appelait jusqu'ici l'« Économie », avec une majuscule, confondue avec ce que les gens ordinaires appelaient « leur monde », s'est arrêtée d'un coup. Suspens, suspension, suspense. Chacun a senti que s'introduisait par cet « arrêt de monde » une faille dans la prétention à définir irréversiblement l'action de tous les humains, et qu'on ne pouvait plus confondre l'Économie, amplification fabuleuse de certains calculs, avec les disciplines savantes de la comptabilité et de l'économie – en minuscule – pratiquées par des calculateurs souvent fort respectables. Comme Gregor encombré de ses pattes, chaque habitant de la planète s'est retrouvé les bras ballants : que faire ? Ce fut dans la moindre chaumière comme une radicale inversion des valeurs : le haut passait en bas, et le bas en haut.

Une révolution si l'on veut, mais d'un genre bien particulier. Comme si l'Économie, prise jusqu'ici pour le soubassement indiscutable de l'existence, *remontait vers le haut*, à la manière d'une poutre de bois qu'on aurait maintenue artificiellement au fond de l'eau et qu'on aurait laissée brusquement filer vers la surface. Sans coup férir, la célébrissime « infrastructure » de la vie moderne est apparue *superficielle* ; et, en parallèle, par une substitution inespérée, se glissait par-dessous, s'insinuait dans les profondeurs ce que les bons esprits prenaient jusqu'ici pour une « superstructure » tout à fait négligeable : les *soucis d'engendrement* et les questions de *subsistance*. En quelques mois, l'Économie a cessé d'être « l'horizon indépassable de notre temps ».

D'où le vacarme produit sur toutes les portes de tous les confinés par les « chargés de pouvoir » scandalisés, pour qu'on « se remette au travail » et qu'on « accélère la reprise ». Mais dans le chaos qui a suivi, et même à travers la crise planétaire qui se déroule sous nos yeux, on sent que le cœur n'y est plus, et que tous les « chargés de pouvoir » ne peuvent faire oublier aux masses qu'elles ont touché du doigt pendant un bref instant la superficialité de cette façon de voir les choses. Cette fois-ci, il ne s'agit plus seulement d'améliorer, de changer, de verdir ou de révolutionner le « système économique », mais de *se passer tout à fait de l'Économie.* Par un paradoxe qui ne cesse de réjouir le cœur des terrestres, c'est l'épisode de la pandémie qui a eu pour effet de *libérer* l'esprit des confinés, et de leur permettre un instant de sortir de ce long enfermement dans la « cage d'acier » des « lois de l'économie » où ils croupissaient. S'il y a un cas où l'on s'émancipe de la mauvaise émancipation, c'est bien celui-là.

Je l'ai appris de Michel Callon : la croyance dans l'évidence de ce mode de relation ne peut se répandre qu'en transportant les formes de vie dans un monde où elles ne résidaient pas. C'est toujours la différence entre vivre « en présentiel » et accéder « en ligne ». L'Économie a en effet ceci d'étrange que, s'occupant des choses les plus ordinaires, les plus importantes, les plus proches de nos préoccupations quotidiennes, elle insiste néanmoins pour les traiter comme si elles étaient le plus éloignées possible et qu'elles se déroulaient *sans nous,* saisies depuis Sirius et de façon totalement désintéressée – « scientifique » est l'adjectif qu'on emploie parfois. Cela marche au-delà du *limes,* mais pas en deçà. L'*homo œconomicus* n'a rien de natif, de naturel ou d'autochtone, on le sait depuis longtemps. Au sens propre, il vient d'en haut, oui, *top down,* et pas du tout de l'expérience ordinaire, pratique, *from the ground up,* des rapports que les formes de vie entretiennent avec les autres formes de vie. L'Économie n'apparaît comme un levier que si l'on accepte d'importer le mode de déplacement des choses pour simplifier le mode d'engendrement des terrestres.

Pour que l'Économie se répande et soit maintenue en profondeur comme le soubassement de toute existence possible sur terre, il faut un énorme travail de fabrication d'infrastructures pour en imposer l'évidence contre la résistance opiniâtre que l'expérience la plus commune exerce en réaction à une si violente colonisation. L'Économie finit peut-être par agir « en profondeur », mais à la manière de ces énormes piliers de béton qu'il faut enfoncer à coups de béliers géants pour qu'ils servent de fondation. Donald MacKenzie n'a cessé de l'explorer : sans les écoles de commerce, les comptables, les juristes, les tableaux Excel, sans le continuel travail des États pour répartir les tâches entre le public et le privé, sans les romans de madame Rand, sans le dressage continuel par l'invention de nouveaux algorithmes, sans le formatage des droits de propriété, sans le rappel continuel des médias, personne n'aurait inventé des « individus » capables d'un égoïsme assez radical, assez continu, assez cohérent pour ne « rien se devoir » et considérer tous les autres comme des « étrangers » et toutes les formes de vie comme des « ressources ». Derrière l'évidence d'une Économie native et première il y a, pour parler comme Callon, trois siècles d'économisation. On comprend que cet enfouissement préalable exige une extrême violence et que la moindre pause dans cette vaste entreprise de soutènement suscite une révélation immédiate : « Mais pourquoi ne partirions-nous pas plutôt de là où nous habitons ? » Ce qui terrifie les « chargés de pouvoir », c'est qu'en quittant l'Économie, les terrestres ne font que rentrer chez eux et reviennent à l'expérience ordinaire. Il ne fallait pas nous laisser trois mois suspendus, et nous plonger après dans une crise globale qui ne cesse de s'étendre.

Libérés par le confinement de cette translocation interplanétaire, les terrestres retrouvent alors le droit de s'apercevoir à nouveau que les soucis d'engendrement ne cessent de compliquer les cours d'action. Nous redécouvrons tous que chaque puissance d'agir sur laquelle nous comptions ajoute un hiatus, force à un détour, complique un calcul, ouvre un débat, engage un scrupule, demande une invention, oblige à une nouvelle répartition des valeurs. Et que c'est à ces genres de soucis qu'il faut nous attacher. La question n'est pas de savoir si le « monde de demain » va remplacer le « monde d'avant », mais si le monde de la surface ne pourrait pas laisser enfin sa place à celui de l'ordinaire profondeur.

Comment s'y prendre pour empêcher de perdre cette profondeur que les confinés ont appris à goûter ? Si la question est d'importance, c'est parce que nous sommes tous, pour l'instant, comme des prisonniers libérés sur parole qui risquent de reprendre le chemin de leurs cellules s'ils font encore des bêtises. Je dois à Dusan Kazic la solution pour ne pas récidiver. Elle consiste à ne *jamais accepter* de dire d'un sujet quelconque qu'« il a une dimension économique » ! S'y soumettre, en effet, cela revient toujours à suggérer qu'il y aurait, d'un côté, une réalité profonde, essentielle, vitale – l'économique –, et que, de l'autre côté, on pourrait, si on avait le temps, prendre malgré tout en compte « d'autres dimensions » – sociales, morales, politiques, et même pourquoi pas, s'il y a du reste, une dimension « écologique »... Or raisonner ainsi, c'est donner au mirage de l'Économie une évidence matérielle qu'elle n'a pas, en prêtant la main à un pouvoir venu d'en haut. L'Économie est comme un voile jeté sur des pratiques pour dissimuler tous les hiatus des cours d'action. Elle aussi, comme la Nature, aime à dissimuler...

La résolution de Kazic consiste à toujours remplacer l'invocation d'une « dimension économique » par une autre question : « Pourquoi avez-vous décidé de *répartir ainsi* les formes de vie pour résoudre vos soucis d'engendrement ? » Si la FNSEA, le syndicat des agriculteurs, fait le siège du ministère pour qu'il réautorise les pesticides tueurs d'abeilles afin, disent-ils, de « sauver la filière française du sucre de betterave », il ne faut y voir *a priori* aucune « dimension économique », si on entend par là un calcul d'intérêt indiscutable, qui devrait mécaniquement sauver quarante mille emplois et tant de milliards d'euros. Il y a eu *distribution* préalable des formes de vie dont chacune mérite une interrogation : pourquoi sauver cette filière, pourquoi cultiver du sucre de betterave, pourquoi du sucre, pourquoi ces emplois-là, pourquoi les subventions de la PAC, pourquoi les apiculteurs et les coquelicots doivent-ils en payer le prix, pourquoi l'État doit-il revenir sur sa décision d'interdire les néocotinoïdes, quel est le rôle du puceron vert par comparaison avec celui de la sécheresse, et ainsi de suite ? S'il y a une tentation à laquelle il ne faut surtout pas céder, c'est de *lisser tous ces hiatus* pour les remplacer par un calcul qui clôturerait la discussion, mais qui a été *fait ailleurs, par d'autres* et surtout *pour d'autres* très éloignés de la scène. Cela ne veut pas dire qu'on déteste le sucre de betterave, ou qu'il faut affamer les betteraviers, et peut-être bien qu'il sera préférable, en fin de discussion, d'autoriser lesdits épandages faute d'alternative, mais cela signifie qu'il n'y a rien dans ce tissu de discussion, de négociations, d'évaluations que l'on doive *par défaut réduire à l'Économie* – et donc aux aspects superficiels de l'affaire. Il y a forcément dans la situation quelque chose de *plus profond* qu'il va falloir prendre en compte. De ce côté du *limes*, il n'y a jamais rien de lisse. Il faut à chaque fois s'efforcer de lever le voile.

Cela ne revient pas à pleurnicher pour mettre au-dessus de l'Économie d'autres préoccupations « plus élevées », « plus humaines », « plus morales » ou « plus sociales », mais au contraire à bien marquer qu'il serait temps de descendre enfin *plus bas*, en devenant plus réaliste, plus pragmatique, plus matérialiste.

Nous ne vivons pas dans la Nature inventée par les économistes pour y faire circuler librement leurs calculs. Si l'on se scandalise à bon droit que les religions aient inventé le « monde spirituel » pour y faire circuler leurs figures sacrées, on doit s'étonner encore plus que l'on ait inventé un « monde matériel idéal », juste pour la commodité d'y déplacer des algorithmes – un peu comme ces cheminots retraités, férus de modélisme, qui font circuler des trains dans leurs clubs de modèles réduits, mais sans transporter le moindre voyageur. Les économistes ont bien sûr raison de multiplier les outillages pour *ouvrir* ces discussions, mais aucun de leurs outils ne peut prétendre les *clore*. Dusan a raison, il ne s'agit pas de faire une nouvelle critique de l'économie politique, mais de *l'abandonner* tout à fait comme description des rapports que les formes de vie entretiennent les unes dans les autres. Si l'Économie ensorcelle, il faut apprendre à l'exorciser.

La chose apparaît plus facile si l'on s'aperçoit que la capacité de l'Économie à jouer le rôle d'infrastructure dépend du parallèle introduit très tôt avec le fonctionnement de la « nature et ses lois ». C'est de ce parallèle en effet qu'est venue l'idée d'assimiler les lois de l'Économie avec celles de la « Nature » et de lui faire jouer ce rôle étonnant d'infrastructure. Or, s'il y a un piège dans lequel nous, les terrestres, nous ne sommes pas près de tomber, c'est celui de croire que cette « Nature » désigne un domaine qui résiderait sur

Terre ! C'est là où l'intrusion de Gaïa vient mordre le plus durement sur toutes les habitudes de pensée. On aura beau invoquer les loups (qui sont, comme chacun sait, des loups pour l'homme), des abeilles (qui concourent au bien commun par leur égoïsme légendaire), des organes (qui se sacrifient les uns pour les autres), des fourmis (toujours assidues au travail), des moutons (moutonniers), des virus (qu'il faut annihiler), des cancrelats (qui horrifient la famille Samsa) et bien sûr des termites, des veaux, des aigles et des pourceaux, jamais on ne fera croire aux terrestres que ces comportements imaginaires puissent leur servir de modèle pour établir des relations avec ceux dont ils dépendent. Pour la simple raison que ces entités ne sont pas autotrophes, que leurs activités ne cessent de déborder, de baver, de se superposer, de se confondre avec d'autres au point de rendre impossibles des calculs précis d'intérêt.

Aucun vivant ne peut servir d'emblème pour l'individu calculateur que Terre n'abrite nulle part. Ils sont tous, si l'on veut, égoïstes et intéressés, puisqu'ils cherchent tous à subsister, mais aucun n'est enserré dans des limites assez claires pour pouvoir calculer ses intérêts *sans se tromper*. Si l'on souhaite vraiment faire appel aux agents terrestres pour justifier d'enfermer les humains dans la « cage d'acier » de l'Économie, alors il faut se préparer à voir cette cage déborder de sources d'erreur, en empilant des causes de désordre sur d'autres causes de désordre, bref s'attendre à de nombreuses complications. Jamais l'appel aux vivants n'a permis de simplifier une situation. C'est là où l'« appel à la Nature » est aussi éloigné que possible de l'insertion de Gaïa. Accepter l'expérience du confinement, c'est se trouver enfin libéré des limites de l'identité indiscutable. Les gènes voudraient peut-être bien être égoïstes, encore faudrait-ils qu'ils aient un *ego* qu'ils puissent délinéer.

On a bien essayé d'imposer par force le parallèle entre la Nature et l'expérience de la vie sur terre, mais il a fallu pour cela *séculariser* une fois encore une idée religieuse : celle d'un ordre providentiel de la Création. L'idée d'une sélection naturelle calculable et cohérente a permis à certains de conserver la notion sacrée d'« ordre de la nature », en mettant chaque vivant à la place exacte où le justifiaient ses calculs d'intérêt. C'est seulement en inventant une vision providentielle de la Nature où les « bêtes » lutteraient impitoyablement dans la jungle de la vie que l'on a pu prendre les humains « pour des bêtes ». Sauf que les « bêtes » justement avaient bien d'autres soucis – et la jungle aussi ! Ce qu'on appelle le « darwinisme social », a bien eu pour but de faire rentrer les découvertes des naturalistes dans le sublime ordonnancement de l'« économie de la nature », mais cela restait en son fond une idée religieuse et nullement terrestre. Si les pauvres humains ont tant de mal à calculer leurs intérêts égoïstement, malgré leurs équipements comptables, imaginez ce qu'il en est des bactéries, des lichens, des arbres, des baleines ou des azalées. Les holobiontes n'ont pas de relevés de compte.

Certains évolutionnistes ont depuis montré que si les vivants calculaient parfaitement, jamais ils n'auraient réussi à survivre. Cela ne veut pas dire qu'il faudrait basculer de la compétition à la coopération, mais simplement que ce sont les erreurs de calcul qui finissent par créer, par hasard et sans providence aucune, des conditions d'habitabilité dont d'autres vivants, en aval, se sont emparés, comme les célèbres bactéries émettrices d'oxygène ont permis à d'autres organismes, sans le vouloir, d'essayer de nouvelles solutions ; ou comme la déforestation du sud de la Chine a ouvert au Covid 19, comme on le sait, de « grandes opportunités ». De proche en proche, pendant des centaines de millions d'années, ce sont ces erreurs de calcul qui auraient permis d'ingénier des conditions de plus en plus robustes pour résister au rayonnement croissant du soleil, aux glaciations, aux météorites et aux volcans, sans jamais l'avoir cherché. Autant d'enceintes, sphères, membranes, dômes dont la durabilité dépend de leurs superpositions, de leurs concaténations. À condition d'éviter avec soin l'introduction durable de cet extraterrestre : l'individu idéalement égoïste, cette météorite d'un genre particulier qui pousse à bout les capacités de résistance de ce vaste bricolage. S'il y a des processus qui ne permettent pas de « fonder » l'Économie, c'est bien ceux empruntés aux manières de Gaïa pour persister dans l'être. La « Nature » ne peut servir de fondation indiscutable qu'aux extraterrestres.

Voilà qui permet quand même de se bien repérer, fût-ce négativement : nous les terrestres *n'avons jamais habité* la maison de l'Économie. La famille Samsa doit s'y faire : Gregor ne reprendra pas sa place de représentant de commerce pour faire bouillir la marmite. Papa Samsa aura beau lever sa canne et le « chargé de pouvoir » rappeler à Gregor, tout cancrelat qu'il soit, qu'il ferait mieux de se lever pour aller travailler sous peine d'être viré, Gregor refusera de bouger. Nous ne pourrons jamais simplifier nos relations en supposant qu'il y a des individus avec des bords bien délimités, qui seraient à côté les uns des autres, *partes extra partes*, autonomes et autochtones, et qui pourraient se déclarer quittes les uns des autres, étrangers par conséquent, *aliens* en quelque sorte, comme s'ils ne se superposaient pas les uns sur les autres, comme s'ils n'interféraient pas les uns avec les autres. Célébrons l'expérience d'une pandémie qui nous fait réaliser aussi littéralement, en gardant nos distances d'un mètre et en nous obligeant à porter des masques, à quel point l'individu distinct était une illusion.

Ce que le confinement a révélé, faisons-le fructifier : puisque nous n'avons plus à nous transporter dans un ultra-monde, nous pouvons recommencer à chercher *où* nous loger ici-bas. Évidemment ce que l'on gagne d'un côté, on le perd de l'autre, puisqu'on ne peut plus calculer les relations de loin en se mettant à l'abri de leurs conséquences. Mais le jeu en vaudrait la chandelle si ce qu'on ne peut plus calculer, on apprenait à le *décrire* ensemble et surtout *de près*.

8
Décrire un territoire, mais à l'endroit

Pendant le confinement, il était inévitable que chacun se mette à réfléchir à ce qui pourrait bien remplacer l'Économie suspendue pour un temps. D'où les questions que nous nous sommes posées : pourquoi continuer telle ou telle activité ; pourquoi ne pas en proposer une autre ; que faire de ceux qui dépendaient pour vivre de celles que nous souhaitons arrêter ; comment développer les entreprises que nous trouvons favorables, et ainsi de suite ? Ceux du moins qui en avaient le loisir se sont sentis libres de s'inventer une autre base matérielle. Au début, c'était comme un jeu pour profiter de cette pause, puis, de plus en plus sérieusement, comme si on allait pouvoir empêcher que tout reprenne « comme avant » – sans l'espérer vraiment.

Chose étrange, à force d'imaginer le « monde d'après », les confinés ont eu progressivement l'impression d'habiter *quelque part* et non plus *n'importe où*. En effet, ces questions de *subsistance*, ils n'y attachaient guère d'importance auparavant, ou, en tout cas, elles semblaient décidées ailleurs, par d'autres et surtout pour d'autres. Elles formaient à nos yeux une sorte de nécessité inéluctable, d'évidence fantomatique, et nous donnaient donc l'impression que nous n'habitions nulle part en particulier, ce que couvrait le terme justement passe-partout de « globalisation ». Mais peu à peu, à force de vous affronter à ces questions inhabituelles et surtout de réaliser que c'était bien difficile d'y répondre, vous étiez obligés de vous réveiller d'un rêve en vous demandant : « Mais où est-ce que j'habitais donc *avant* ? » Eh bien, dans l'Économie justement, c'est-à-dire *ailleurs que chez vous*.

À l'inverse, chaque fois que vous aviez de la peine à répondre à ces questions, vous vous sentiez *situés*. Vous étiez vrillés sur place comme par une série de repères. L'obligation de rester confinés chez vous prenait un sens positif : claquemurés oui, mais *ancrés* enfin quelque part. Chose encore plus étrange, ce sentiment d'être obligés de vous situer toujours davantage, vous le ressentiez d'autant plus vivement que vous discutiez de ces questions à plusieurs. L'expression « vivre dans un monde globalisé » avait brusquement pris un sérieux coup de vieux ; bien vite remplacée par une autre injonction : « Essayons de nous situer dans un lieu qu'il faudrait tenter de décrire avec d'autres. » Surprenante associations de verbes : *subsister, faire groupe, être sur un sol, se décrire*. Pour les ci-devant globalisés, la surprise était totale de voir émerger de nouveau la question « réactionnaire » de former un groupe sur un territoire qui devenait visible au fur et à mesure de la description. « Territoire », ce mot d'administration, prenait pour les confinés un sens existentiel. Comme si, au lieu d'être dessiné de loin par d'autres et comme à l'envers et d'en haut, on pouvait le décrire pour soi, avec ses voisins, à l'endroit et d'*en bas*.

Décrire un territoire à l'envers et par en haut, on le sait bien, c'est consulter une carte, localiser un point à l'intersection d'abscisses et d'ordonnées; ensuite, à ces intersections, c'est inscrire des symboles qui remplacent les lieux à repérer par leurs seules relations de distance kilométrique. L'opération est bien commode quand il faut visiter pour un temps un endroit qu'on ne connaît pas d'avance. À condition bien sûr que les services de voirie aient fait leur office et qu'ils aient pris soin de faire coïncider la carte tenue en main par les visiteurs avec les pancartes fichées dans le sol à l'endroit repéré par une chaîne d'arpenteur – le tout sous la surveillance d'ingénieurs des Ponts et Chaussées et des services décentralisés de l'État. Pour que carte et pancarte coïncident, il faut qu'un État bien tenu en organise la correspondance. Alors, mais alors seulement, la carte renseignera d'avance sur le territoire permettant à un étranger de le traverser.

Ce n'est pas ainsi, bien sûr, que nous nous y prendrions pour décrire *notre* territoire, même si nous saluons gentiment les étrangers de passage et que nous évitons de renverser les théodolites des géomètres-arpenteurs. Pour nous, les distances kilométriques et les angles de la trigonométrie, comme le savent tous les géographes, ce sont des relations parmi beaucoup d'autres. Or ces autres relations ne procèdent nullement par *localisation* à partir d'une grille de coordonnées, mais par *réponse à des questions d'interdépendance.* De quoi est-ce que je dépends pour subsister ; quelles sont les menaces qui pèsent sur ce qui me permet de vivre ; quelle confiance puis-je avoir dans ceux qui m'annoncent cette menace ; qu'est-ce que je fais pour me protéger contre elles ; quelles sont les aides que je peux trouver pour m'en sortir ; quels sont les opposants que je dois tenter de circonscrire ? Ces questions, elles aussi, dessinent un territoire, mais ce dessin ne recoupe pas la manière précédente de se repérer. Être localisé et *se situer,* ce n'est pas la même chose ; dans les deux cas, on mesure bien *ce qui compte,* mais pas de la même manière. Gregor et ses parents l'ont appris à leurs dépens.

Alors que, vu à l'envers, fait territoire tout ce qu'on peut localiser sur une carte en l'entourant d'un trait, vu à l'endroit, un territoire s'étendra *aussi loin* que la liste des interactions avec ceux dont on dépend – mais pas plus. « Là où est ton trésor, là aussi sera ton cœur » (Mt 6,21). Si la première définition est cartographique et le plus souvent administrative ou juridique – « Dites-moi *qui* vous êtes et je vous dirai quel est votre territoire » –, la seconde est davantage éthologique : « Dites-moi de *quoi* vous vivez et je vous dirai jusqu'où s'étend votre terrain de vie. » La première demande une carte *d'identité*, la seconde une liste des *appartenances*. Projetez le territoire d'un oiseau migrateur sur une carte du monde, Vinciane Despret l'a bien montré, vous ne comprendrez pas grand-chose à ce qui le fait chanter. Tout change si vous commencez à savoir ce dont il se nourrit, pourquoi il migre, sur combien d'autres vivants il doit s'appuyer et quels sont les dangers qu'il doit affronter au long de ses parcours. Son terrain de vie débordera de toutes parts la simple projection cartographique.

D'un côté, on identifie un lieu en le localisant à l'intersection de coordonnées par le déplacement d'une sorte de chaîne d'arpenteur, de l'autre, nous apprenons à lister des *attachements* à des entités qui obligent à prendre soin d'elles. Avec le territoire à l'envers, on favorise l'accès à des étrangers qui ne font que passer à travers un espace pour eux indifférencié ; dans le territoire à l'endroit, nous entrons en contact de proche en proche avec des *dépendants* qui s'intercalent de plus en plus nombreux entre nous et nos soucis d'engendrement. À l'envers, ce qui compte ce sont les mesures en termes de distance, mais en même temps, on est tout à fait libre de s'arrêter là ou ailleurs ; rien n'empêche de prendre arbitrairement une autre carte ou de circuler comme sur un GPS, *ad infinitum*. Alors qu'à l'endroit ce ne sont pas d'abord les distances qui comptent pour vous, puisque les entités qui entrent dans votre description peuvent être éloignées ou proches sur la carte.

En revanche, il vous est impossible de procéder à l'infini pour la bonne raison que la liste des entités est toujours limitée, qu'elle est difficile à dresser et qu'elle exige à chaque fois une sorte d'enquête, un début d'affrontement, en tout cas des rencontres délicates. Vous ne pouvez pas la prolonger ou la raccourcir arbitrairement : si vous avez enregistré avec peine ces formes de vie, c'est qu'elles mordent sur la description et qu'elles vous *engagent* à les prendre en considération. Vous pouvez allonger la liste, bien sûr, mais alors il vous faudra *reprendre* la description et vous engager *davantage* à vous confronter avec ceux que vous aurez listés – ce qui va forcément faire monter la tension à mesure que l'exploration s'approfondira. C'est ce que Isabelle Stengers appelle des *obligations* : plus votre description devient précise, plus elle vous oblige. Atterrir ce n'est pas devenir local – au sens de la métrique usuelle – mais capable de rencontrer les êtres dont nous dépendons, *aussi loin* qu'ils soient en kilomètres.

C'est tout le malentendu de l'adjectif « local ». C'est seulement si vous arpentez une situation à l'envers que vous définirez une situation comme « locale », en entendant par là qu'elle est « petite » par rapport à une autre qui mesurerait davantage en quantités. La carte en effet ne connaît que des enchaînements d'échelles, ce qui permet de faire des zooms. Mais une fois remis à l'endroit, on appelle « local » *ce qui est discuté et argumenté en commun*. « Proche » ne veut pas dire « à quelques kilomètres », mais « qui m'attaque ou qui me fait vivre *de manière directe* » ; c'est une mesure d'*engagement* et d'*intensité*. « Lointain » ne veut pas dire « éloigné en kilomètres », mais ce dont vous n'avez pas à vous soucier tout de suite parce que ça n'a pas d'*implication* dans les choses dont vous dépendez. Par conséquent, ce que vous assemblez dans la description n'est ni local ni global, mais *composé* selon un autre rapport de concaténation avec des entités qu'il va bien falloir affronter une à une, peut-être au prix de polémiques nombreuses.

C'est d'ailleurs la raison pour laquelle un planisphère ou un globe terrestre ne donne aucune idée de Gaïa puisqu'elle n'est pas « grande » ou « globale » au sens usuel, mais connectée de proche en proche. Il est possible que les deux sens du mot « local » ou du mot « lointain » coïncident parfois, mais c'est peu probable. De nos jours, le monde *où l'on vit* ne se superpose que rarement au monde *dont on vit* ; il y a longtemps que les habitants des sociétés industrielles n'habitent plus au milieu des pâturages, comme Booz endormi quand « Tout reposait dans Ur et dans Jérimadeth »...

Dès que vous décrivez un territoire à l'endroit, vous comprenez dans votre chair pourquoi l'Économie ne pouvait pas être réaliste et matérialiste. C'est qu'elle est faite pour dissimuler les chocs, les tensions, les controverses que votre description, à l'inverse, ne cherche plus à éviter. Embrasser l'Économie, c'est interrompre la reprise des interactions en inventant des êtres qui n'auraient pas de compte à rendre sous le prétexte qu'ils seraient des individus autonomes dont les limites seraient protégées par un droit exclusif de propriété. Droit qui ne s'applique qu'aux autotrophes qui ne laisseraient en aval aucun déchet. Comme ces animaux-là n'existent pas sur Terre, on comprend dans quels abîmes de perplexité la pause imposée par le Covid 19 a plongé les malheureux économisés. Ils se sont aperçus que les limites du droit de propriété n'avaient réussi qu'à congeler des situations qui se réchaufferaient et deviendraient brûlantes dès qu'on allongerait la description à plusieurs.

Par exemple, mon voisin grand amateur de maïs – plus exactement, grand usager des subventions de la PAC au maïs irrigué – envahit le corps de mes petits-enfants avec ses herbicides. Si je vais lui dire de respecter mon droit de propriété et de *garder pour lui* les herbicides confinés dans les limites de ses champs, il me rétorquera, plus ou moins poliment, qu'il « nourrit la planète » et « qu'il n'a pas de *compte* à me rendre ». Si je lui réponds que j'ai le même droit que lui à ne pas être envahi par ses pesticides, pas plus que mon gazon ne doit être brouté par ses moutons errants ou que ses enfants ne doivent être mordus par mon chien, il me répondra probablement qu'on est à la campagne, et que *nul ne peut exercer ses activités* sans *interférer* avec celles des autres. Contrairement au proverbe pourtant fort bucolique « Chacun chez soi et les vaches seront bien gardées », il clamera qu'il ne peut rien enfermer dans des bords clos : le cocorico du coq déborde l'espace des villages, comme les pesticides, les cloches de l'église, le chien, les bœufs et le lait de Perrette répandu sur le sol – sûrement au cours d'une énième manifestation contre le gouvernement... et que c'est ça, vivre à la campagne.

« Ah très bien », lui dirai-je, « par conséquent, *vous le reconnaissez vous-même*, nous vivons donc ensemble sur un territoire où "*tout nous regarde*" puisque chaque entité est en superposition avec les autres. "Holobiontes de tous les pays, unissez-vous, et cetera." Mais alors, si nous vivons ainsi emmêlés, il faut bien que nous en parlions ! Si nous débordons ainsi les uns sur les autres, nous formons donc un *commun*. Par conséquent, merci de m'indiquer le lieu, le moment, le jour, l'institution, la formule, la procédure, où nous allons pouvoir discuter de telles superpositions, limiter les empiètements ou permettre les compositions plus favorables à tous ? » Il est probable qu'il se fâchera tout rouge ou cherchera à m'écraser comme un autre Gregor.

Il n'empêche que son refus me permet de mesurer exactement ce que fait l'Économie quand elle *voile une situation*. Elle remplace une description contradictoire et collective qui aurait pu avoir lieu si les protagonistes de ce dialogue inventé avaient formé *un peuple habitant un sol*, et donc si nous avions été capables de prendre en compte en commun la superposition de ces formes de vie. La description des liens d'interdépendance oblige à recommencer pour chaque item de la liste la discussion que l'Économie prétendait clore.

S'il y a superposition et empiètement, alors il doit y avoir quelque chose comme un problème public, et donc une forme d'institution capable de reprendre la question de la répartition des formes de vie, inexorablement intriquées. Au sens propre, l'Économie dépeuple et met hors sol. Ce que le confinement a permis, c'est de *repeupler* et de *resituer* ceux qui acceptent d'être jugés à leur capacité de maintenir ou au contraire de détruire les conditions d'habitabilité de leurs dépendants. Les terrestres seraient bienvenus de nommer « écologie » non pas un domaine, une attention nouvelle aux « trucs verts », mais simplement ce que devient l'Économie quand la description *reprend*. Si l'une s'est étendue partout, l'autre doit le faire aussi. Si l'une a refroidi la planète avant de la laisser brûler, l'autre doit en réchauffer les liens pour qu'elle se refroidisse enfin.

De telles institutions n'existent pas ? Très bien, du moins nous savons maintenant *où nous situer* : les terrestres se sont remis du crash de l'Économie, et ils s'installent pour bâtir ces institutions comme dans l'armature calcinée d'un immense dirigeable. Pour commencer, que chacun reprenne langue avec son voisin. La description relocalise, elle repeuple, mais aussi, c'est là le plus imprévu, elle redonne le goût d'agir. On commence à passer de la « mutation », assez désespérante, il faut le reconnaître, à la « métamorphose » plus prometteuse. Oui, nous étouffons derrière nos masques, c'est vrai, mais nous allons peut-être enfin prendre une « autre forme ».

9
Le dégel du paysage

Ce changement de forme repose sur ce constat très simple : nous, les humains, nous n'avons jamais eu l'expérience de rencontrer ces « choses inertes » qui composaient, paraît-il, le monde « matériel ». C'est évident si vous habitez en ville, puisque chaque millimètre de votre cadre de vie, ce sont des humains, vos semblables, qui l'ont fabriqué, mais c'est aussi évident si vous habitez à la campagne, puisque chaque détail de votre territoire est l'œuvre d'un vivant – parfois très éloigné dans le temps. Et cette sensation de la consistance des choses est vraie aussi loin que s'étend la zone critique. Les « choses inertes » n'existent que par une expérience de pensée qui vous transporterait, en imagination, dans un monde où personne n'a jamais vécu. D'où la question : est-ce que la sensation de cette évidence modifie aujourd'hui vos façons d'être, d'envisager l'avenir, de vous situer dans l'espace, de comprendre ce que vous appelez liberté de vous mouvoir ?

Pour explorer la possibilité d'une telle transformation, il serait bon de bénéficier d'un dispositif pour rendre ces descriptions du territoire vu d'en bas chaque fois plus concrètes. Avec Soheil Hajmirbaba, nous nous y sommes essayés en dessinant un grand cercle à même le sol, orienté par une flèche, avec d'un côté un signe *plus*, et de l'autre un signe *moins*. Et en demandant aux participants de se placer au centre. Derrière vous, à main droite, il y a ce dont vous dépendez, ce qui vous fait vivre, ce qui vous permet de subsister ; à main gauche, ce qui vous menace. Dans le quart avant droit, il y a ce que vous allez faire pour maintenir ou accroître les conditions d'habitabilité dont vous avez bénéficié ; dans le quart avant gauche, ce qui risque d'empirer la situation, en stérilisant un peu plus les conditions d'existence de ceux qui dépendent de vous. C'est comme un jeu d'enfant, quelque chose de léger et de plutôt joyeux. Et pourtant, quand on s'approche du milieu, chacun tremble un peu : il faut se décider, c'est là le plus difficile, on se révèle ; on va parler de soi, ou, mieux, de ce qui vous fait vivre.

Le centre du creuset, là où je place timidement mes pieds, se trouve à l'intersection exacte d'une trajectoire – et je n'ai pas l'habitude de me penser comme le *vecteur* d'une trajectoire – qui va du passé, tout ce dont j'ai bénéficié pour exister, pour croître, parfois même sans m'en apercevoir, sur quoi je compte inconsciemment et qui peut-être s'interrompra

Nicolas Laureau, photographe – La Mégisserie, Saint-Junien, 1er *février* 2020.
Lancement des ateliers Où atterrir ?

avec moi, par ma faute, qui n'ira plus vers l'avenir, à cause de tout ce qui menace mes conditions d'existence, et dont je n'avais pas conscience non plus. Pas étonnant que je sois ému. Oui, oui, c'est très naïf, c'est tellement simpliste ; c'est comme choisir entre le bien et le mal. Mais c'est exactement cela : c'est un jugement que vous portez avec les autres qui vous aident à jouer sur cette marelle, en répondant aux questions sur ce qui vous fait vivre, ensuite sur ce qui vous menace, et, enfin, sur ce que vous faites ou ne faites pas pour contrer cette menace. Rien de plus simple, rien de plus décisif. Ah, voilà pourquoi le dessin ressemble à une cible, et c'est vous qui vous retrouvez au milieu, sur la ligne de partage entre le passé et le futur. C'est là qu'il faut sauter le pas : *Hic est saltus*. Dans tous les sens du mot, vous y *rejouez votre vie*.

Justement, chaque fois que vous allez mentionner à haute voix l'une des entités de votre liste, quelqu'un de l'assemblée vient « jouer » ce « rôle » et c'est à vous de placer ce personnage sur cette sorte de boussole – ou de la déplacer selon l'évolution de votre court récit. L'étonnant résultat de ce petit théâtre, c'est que, bientôt, vous voilà entouré d'une petite assemblée qui représente pourtant, devant les autres participants, votre situation la plus intime. Plus vous listez vos attachements, mieux vous êtes défini. Plus la description est précise, plus la scène est remplie ! Vous donnez peu à peu figure à l'un de ces holobiontes qui paraissaient, jusqu'ici, tellement difficiles à représenter. Une participante le résume d'un adjectif: « Je me suis repeuplée ! »

Comment marquer une telle mutation? En disant que les terrestres ne se retrouvent plus jamais *face* à un paysage. En décrivant pour les autres et par les autres vos interdépendances, c'est comme si le sol vous remontait dans les pieds et vous renversait sur lui. Le territoire n'est pas ce que vous occupez, mais ce qui vous définit. On comprend que la métamorphose fonctionne à l'envers: c'est Gregor qui va paraître presque « normal », et ce sont désormais ses parents dont la position paraît incroyablement controuvée. Ils se croyaient libres et lui prisonnier de son corps mutant, mais c'est l'inverse qui se produit.

L'histoire de l'art l'explore depuis longtemps, les humains à l'ancienne, les humains modernes, avaient ceci d'étrange qu'ils étaient fixés sur place, et presque épinglés dans une boîte dont l'un des murs du fond faisaient comme un tableau – c'est le cube blanc des musées, le *white cube* des critiques d'art. Sur ce tableau était représenté toutes sortes de choses que l'on avait brutalement *interrompues* dans leur mouvement, dans leur trajectoire, pour qu'elles se tiennent sous le regard du spectateur – ou, plus exactement, de celui qui allait *devenir* un spectateur, à force d'exiger de lui qu'il juge de la qualité de ce tableau.

Quelle étrange scénographie ! Vous exigez d'un brave type qu'il s'arrête en chemin, vous le tournez à 90° degrés, vous l'enfermez dans une boîte en lui demandant de rester immobile, tout contorsionné pour qu'il regarde sur le tableau vertical la forme prise par des choses. Mais ces entités, elles aussi, ont été interrompues dans leur cours d'action et, elles aussi, tournées à 90°. On ne leur demande plus de prolonger leur existence, mais de se soumettre au regard du spectateur en lui offrant, si l'on peut dire, leur meilleur profil. On s'est beaucoup soucié de l'étrange regard du spectateur, mais les contorsions qu'on lui impose ne sont rien à côté de celles que l'on impose aux puissances d'agir forcées d'interrompre leurs trajectoires pour être regardées.

Derrière le mur du fond, pour peu que l'on accepte de peindre « en perspective », les choses-interrompues vont se répartir en fonction de leur dimension pour donner l'illusion d'un espace en trois dimensions. Devant le mur, le néo-spectateur se met à juger de la qualité du tableau en repérant à sa guise ce qui lui semble convenir ou non, jusqu'à produire une autre illusion : celle d'un évaluateur capable d'un jugement esthétique désintéressé. Le tableau, le territoire, se retrouve à plat comme coincé entre deux pyramides, l'une dont l'apex est virtuel, du côté de la célèbre *ligne de fuite* à l'infini, l'autre, dont la pointe est dans l'œil de celui qui n'a plus qu'à regarder.

S'il a devant lui, par exemple, un paysage, avec une montagne, un lac, un coucher de soleil, une harde de cerfs et, dans le coin gauche, une forêt, c'est à lui et

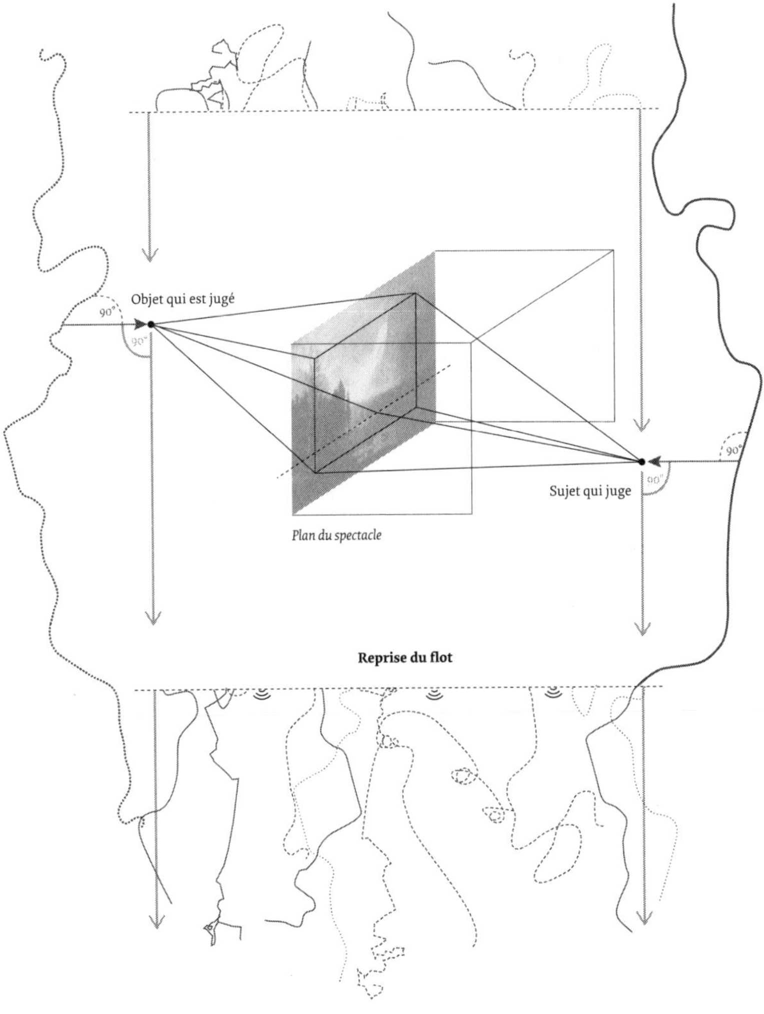

Dessin Alexandra Arènes

à lui seul de décider si le soleil est « bien rendu », si le lac ne pourrait pas être « plus clair », les cerfs « un peu plus espacés » alors que le noir de la forêt est, toujours selon lui, « magnifiquement évoqué ». C'est le spectateur qui juge et qui décide, au point que chaque rapport entre forêt, soleil, lac, animal et ciel passe *par lui* et s'établit pour *son seul bien*. Peu importe d'ailleurs que l'on choisisse de dresser devant lui un tableau de maître, un projet de développement industriel, un plan de bataille, une vue du ciel, une scène de théâtre ou la carte d'un domaine qu'un prince voudrait dominer. Comme nous le raconte Frédérique Aït-Touati, c'est toujours ce qui est « en face », un *landscape*, cette invention du XVIIe siècle européen. Le sujet (car c'est maintenant un « sujet ») ne quitte pas le *white cube* d'où émerge une vision en forme de paysage, avec, forcément, de l'autre côté, des choses rendues sous le mode objet (car ce sont maintenant des « objets ») qui sont, en quelque sorte, à sa main. Voilà la grande scène reconstituée par Philippe Descola : celui qui reste fixé dans cette boîte va devenir un sujet *naturaliste* face à des objets *naturalisés*. C'est la grande étrangeté de cette histoire : il n'y a de « Nature » que pour un sujet. Et c'est dans cette boîte qu'il va demeurer confiné. Les choses et lui sont épinglés comme des papillons dans un tiroir entomologique par deux fines aiguilles, avec ces inscriptions à l'encre noire sur des étiquettes au liseré bleu : « objet moderne », « sujet moderne ».

Encore un résultat paradoxal du confinement : c'est d'une telle boîte, qu'il nous a permis de nous exfiltrer ! Le titre de « métamorphose », il faut le lire à l'envers : c'est Gregor qui va reprendre une forme animée et ce sont les parents qui demeurent coincés dans la position impossible de rester des sujets figés devant des objets eux-mêmes figés.

Que va-t-il se passer si les protagonistes de cette scène se remettaient en marche, se retournaient à nouveau de 90°, mais cette fois-ci dans le bon sens, et rejoignaient le flot des choses qui, elles aussi, reprendraient leur cheminement et cesseraient de permettre à d'autres de seulement les représenter ? Du côté des « objets », ça va être une joyeuse débandade. La forêt, le lac, la montagne, les cerfs, le sol sont toujours là, mais ils ne *passent plus* par le sujet pour décider de ce qui leur convient ou non : ils reprennent leur chemin en décidant *par* et *pour eux-mêmes* ce qui va leur permettre de durer un peu plus longtemps. Là encore, là de nouveau, c'est comme le dégel d'un fleuve. Fin du naturalisme.

Mais le « sujet » lui non plus ne reste pas enfermé. Bien sûr, au début, il est un peu raide, il manque d'exercice, mais il va retrouver bien vite sa souplesse. Repeuplée, la personne se met à courir du même mouvement que les formes de vie, pressée par elles, bousculée par elles, en saisissant de biais, à la volée, celles dont elle dépend et en décidant, sur-le-champ, dans l'instant, du sort de celles qui dépendent de son action. C'est comme si, au lieu de contempler depuis votre trottoir une grande manifestation qui défilait devant vous, vous vous décidiez à rejoindre le flot. Jusque-là spectateur, vous voilà obligé d'aller dans la même direction que la foule bruyamment agitée, partageant avec chacune des entités de votre liste les mêmes soucis d'engendrement. Vous ne voyez plus les choses « en face », c'est vrai, mais contrairement à l'ancien « sujet » dressé devant les anciens « objets », vous n'êtes plus étranger à leur dynamique. Fin de l'anthropocentrisme.

On pourra toujours dresser un tableau, mais la direction de l'image aussi bien que le mode de prélèvement ne seront plus les mêmes. On ne demandera pas plus aux êtres remis en mouvement de suspendre leur cours que l'on ne demande aux poissons de sourire poliment à l'appareil qui capte leur frayage dans une passe à poissons. C'est plutôt comme si vous pratiquiez des *coupes* dans un flux, en repérant par des capteurs le vif passage de toutes ces trajectoires emmêlées. Oui, sur ce tableau, le cerf a bougé, le soleil s'est couché, la forêt a été coupée à ras ; oui sur cet autre, il y a maintenant des clôtures, des arbres ont été replantés, il y a des vaches et leurs veaux, le ciel est pluvieux ; mais ce qui est ainsi repéré, ce n'est pas le passage du temps de l'horloge, ce sont les arrêts sur image des décisions prises par les vivants pour continuer dans l'être.

Et *parmi ces formes de vie*, c'est là toute la différence, il y a les embranchements que doit prendre cette personne-repeuplée, mise à la boussole, qui désormais, dans cette foule, dans ce flux, dans cette manifestation, comme les autres, doit décider de son sort. A-t-elle défendu cette forêt contre les coupes rases, autorisé les clôtures, favorisé le replantage, maintenu la qualité de l'eau du lac ? Est-ce plutôt le cerf qui a pris la clef des champs, les mélèzes qui n'ont pu résister au changement climatique, le lac que la sécheresse a fait baisser ? Les mêmes questions s'adressent *en parallèle* à toutes les formes de vie, qui fuient, ou qui fluent les unes avec les autres, se croisant et se décroisant. Non plus des lignes *de fuite*, à l'infini, mais des *lignes de vie* – ce que Chantal, en musicienne, appellerait des *fugues*.

La personne-repeuplée se trouve aux prises avec la situation. Ce qui veut dire qu'elle a le droit de *retrouver* des ascendants et des descendants. Le territoire qu'elle recompose peu à peu ne lui appartient plus, elle est *jugée par lui*. Sarah Vanuxem dirait que c'est le territoire qui est devenu – ou plutôt redevenu – son propriétaire. C'est là le *nomos* de la terre. La métamorphose a eu lieu : du « sujet » qui regardait de face un paysage, la participante est devenue le *vecteur* d'une décision à prendre entre ascendants et descendants. Et *entre les deux*, à cette intersection, dans ce creuset, elle sera jugée à sa capacité de décider de la *fécondité* ou de la *stérilité* des formes de vie auxquelles son sort est désormais mêlé. Elle se trouve à cloche-pied sur une marelle où son sort se décide, entre Terre ou Ciel.

C'est là que le mot « métamorphose » commence à remplir sa promesse, à condition de lire la nouvelle à l'envers. Un individu, pour le localiser, il faut forcément lui ajouter un contexte qui l'écrase et par rapport auquel il n'est quasi rien ; entre lui et le contexte la brisure est totale ; c'est le sens usuel de l'adjectif « kafkaïen ». Une personne qui apprend à se situer devient de plus en plus spécifique, particulière, à mesure que s'étend la liste de ceux dont elle dépend ou qui dépendent d'elle. C'est tout le paradoxe des holobiontes ou de la sociologie des associations : se familiariser de mieux en mieux avec quelqu'un, c'est voyager toujours plus loin vers ceux auxquels elle s'est mêlée. L'individu réduit à presque rien se sent forcément sans force devant l'immensité de ce qui le domine ; la personne, l'acteur-réseau, l'actant-peuple, l'holobionte se sent pousser des ailes à mesure que se multiplient les items de sa liste, de son cours d'action, de son *curriculum vitae* ; ils se dispersent, ils se multiplient. Il y a des « liens qui libèrent » : plus l'individu dépend, moins il est libre ; plus la personne dépend, plus elle a de marges d'action. Quand il cherche à s'ébrouer, l'individu qui bute constamment sur ses limites, geint et se plaint, envahi de passions tristes, il ne lui reste guère que l'indignation et le ressentiment ; quand la personne s'allonge, se repeuple, s'éloigne, elle *s'égaille*, au sens propre, elle se distribue, se mélange, et récupère de proche en proche des puissances d'agir qu'elle n'imaginait pas. Décidément, le « monstrueux insecte » n'est pas celui qu'on croyait ! C'est Gregor qui prend son envol, et ce sont ses parents qui se dessèchent dans leur boîte.

Ce genre de boussole ne fait pas qu'*orienter* celui qui s'y place, elle *répare* un principe d'engendrement qui avait été rompu. Si le ci-devant « sujet » moderne ne savait pas *où* se placer dans l'espace, tout tordu qu'il était, immobilisé, borgne de surcroît, pour rester en face des « objets » également tourneboulés, suspendus, égarés par l'obligation d'être offerts au regard – comme la tête de saint Jean-Baptiste sur le plat de Salomé, pour reprendre l'exemple donné par Louis Marin –, il ne sait pas non plus, ce sujet moderne, où se placer *dans le temps*. Forcément, puisque pour rentrer dans le cube, il devait rompre avec son passé – et même avec le fait de passer. Non pas simplement rompre radicalement pour devenir « résolument moderne », mais accepter de *se passer des moyens de passer*. Privé d'amont comme d'aval, le « sujet moderne » ne peut pas revenir en arrière pour retrouver la source d'action dont il aurait besoin quand il s'aperçoit qu'il s'est égaré. C'est la source de son angoisse : pour ne pas être tenté de revenir en arrière, pour ne pas risquer de passer pour « réactionnaire », il a *brûlé ses vaisseaux derrière lui*. Le futur a fait du passé un cauchemar et a tracé, entre les deux, un abîme infranchissable. Horriblement, le sujet moderne ne peut qu'aller de l'avant, quelles qu'en soient les conséquences. Et donc, forcément, il ne peut que s'obstiner dans l'erreur, chose dont on dit avec raison qu'elle est l'œuvre du diable. Voilà, il ne peut plus avoir d'expérience du monde, il s'est bel et bien *rendu la vie impossible*. C'est cette solution de continuité que les dispositifs comme la « mise à la boussole » prétend justement restaurer.

Quand ils rencontrent les terrestres, les progressistes à l'ancienne les accusent toujours – cela nous fait bien rire – de vouloir « retourner à la bougie ». Et c'est vrai, en effet que, si les Modernes ont brûlé leurs vaisseaux pour s'interdire de revenir sur leur pas, il ne reste probablement dans les caisses défoncées par l'incendie, que quelques bougies ! Mais nous, les terrestres, nous ne sommes pas réduits à ces quelques épaves défoncées. C'est peu de dire que nous sommes redevenus « archaïques », nous nous sommes tout à fait déshabitués de recourir au couperet de la « modernisation ». Rien ne nous empêche donc de *revenir en arrière*, puisque nous refusons d'ignorer les soucis d'engendrement de tous ceux dont nous dépendons, en amont, et qui dépendent de nous, en aval. Pour nous, les deux sont enfin à nouveau reliés. Le mot honni de « tradition » ne nous effraie pas ; nous y voyons un synonyme de la capacité d'inventer, de transmettre et donc de durer. Le nœud gordien que l'épée de la modernisation avait tranché, nous tentons de le renouer en retrouvant les manières qu'ont les formes de vie de se maintenir dans l'être. Vous non plus, vous n'avez jamais cherché à quitter la terre. Vous n'avez jamais eu d'autre aiguillon que Gaïa. Vous êtes restés des fils d'Adam, des humains, faits de poussière peut-être, comme l'humus, chargés, débordants, multiples, superposés, et peut-être enfin *capables de réagir* aux conséquences inattendues de vos actions.

10
Multiplication des corps mortels

Ce que je trouve curieux, c'est que si nous sommes nombreux à réaliser que le paysage peut se remettre en mouvement, que l'économie peut devenir enfin superficielle, que Gaïa même se comporte tout autrement que ces fameuses « choses inertes » dont la « Nature » était supposée l'assemblage, on s'obstine à me faire croire que « j'ai » un corps « biologique ».

Lundi, j'étais à la Salpêtrière pour une nouvelle injection de Taxol® ; mardi, un excellent acupuncteur, qui se désigne lui-même comme « un peu sorcier », m'enfonçait dans le mollet des aiguilles chaudes dégageant un doux parfum d'armoise ; mercredi matin, Laetitia Chevillard, ma coach de gi qong, me faisait respirer lentement pour que j'apprenne à envoyer mon énergie dans le pied droit ; mais l'après-midi, la néphrologue, à la Pitié cette fois, considérait ma banque de données personnelles informatisée pour décider que mon rein se portait finalement assez bien ; jusqu'au vendredi où je rencontrais un nouveau spécialiste, un cardiologue, qui tentait de faire une échographie, mais j'ai dû le quitter avec deux nouveaux médicaments pour ralentir le cœur qui battait trop vite, ce qui rendait l'examen impossible. L'expérience est très ordinaire, mais avec ce que j'ai appris de l'inversion du paysage, je me demande si je ne devrais pas aussi me mettre à libérer mon corps. À force d'être confiné, l'envie vous prend de vous émanciper tout à fait et de muter de métaphysique jusqu'au bout.

Autrefois, bien sûr, j'aurais accepté d'avoir un corps « biologique » conçu comme la base « matérielle », comme le fondement indiscutable, auquel j'aurais accepté d'ajouter mon corps *vécu* de l'intérieur, celui de ma subjectivité. C'est ce qu'on appelait suivre les effets « psychosomatiques » – le cœur bat trop vite à cause de l'anxiété, les aiguilles agissent par une sensation interne d'énergie redistribuée, et ainsi de suite. Mais cette façon de répartir les valeurs, je m'en suis aperçu, ne rend pas justice à Terre : sa matérialité est composée tout autrement que de « matière » à l'ancienne. Bien sûr, on peut créer des petits puits, des segments, des séquences d'Univers, un peu partout, à grands frais, en mobilisant beaucoup de ressources humaines, mais ils ne sont jamais assez nombreux, assez autonomes, en tout cas dans la zone critique, pour dessiner un tissu continu qui ressemblerait à la *res extensa* de la tradition philosophique. C'est plutôt un archipel, une peau de léopard, un manteau d'Arlequin. Le flot du monde terrestre, quant à lui, ce sont les vivants entremêlés qui le composent, tous enchevêtrés dans les sédiments de leurs actions – montagnes et océans, air et sol, villes et ruines.

Confondre la surface et le fond, le premier plan et le second, ce serait comme de prendre l'agrobusiness pour la révélation de ce qui compose un sol. J'ai l'impression que presque tout le monde, aujourd'hui, comprend la différence entre les deux : on peut bien, à force d'intrants, en externalisant toutes les conséquences dommageables – paysans empoisonnés, érosion accélérée, rivières eutrophisées, insectes éliminés – obtenir pour quelque temps des rendements supérieurs, mais ce champ-là est décidément poussé, expulsé, satellisé *hors sol*. Loin d'exprimer la nature profonde de ce que pourrait devenir un paysage, de plus en plus cette saisie apparaît pour ce qu'elle est : une *prise de terre*, une saisie violente, une occupation, par d'autres, pour un temps, et surtout pour d'autres, avant qu'ils s'enfuient ailleurs en laissant derrière eux la surface de la terre dévastée. Il suffit de suivre les agronomes pour sentir la différence, parfois à quelques mètres près, entre un champ soulevé par l'agrobusiness et propulsé en l'air, d'avec un sol laissé au repos et épaissi par la multiplicité des vivants qui le composent. Et quand je dis « sentir », oui, c'est bien avec le nez, après qu'un pédologue vous aura montré comment rouler la motte de terre dans le creux de votre main.

C'est donc une affaire de répartition du continu et du discontinu, d'inversion du premier et du second plan. Malgré son nom, la « chose étendue », la *res extensa*, définie comme le fond du monde depuis le roman philosophique de Descartes, n'est parvenue à *s'étendre* que localement et sur certaines segments ou portions de nos cours d'action. Dans le cas de l'agriculture, elle semble se réduire comme une peau de chagrin, au point que l'expression « agriculture moderne » commence à désigner une bizarrerie du passé...

Mais alors, pourquoi est-ce que le cancérologue du lundi, la néphrologue du mercredi après-midi et le cardiologue du vendredi se comportent comme s'ils n'avaient fait que découper trois organes distincts dans un *même corps* continu, mon corps « biologique » ? Et, en plus, pourquoi devrais-je renvoyer l'acupuncteur du mardi et la coach du mercredi matin à ma psychologie et aux effets que celle-ci est supposée induire, quelque peu mystérieusement, par l'intermédiaire de quelque « glande pinéale » (autre jolie trouvaille du même René Descartes) ? D'ailleurs, si j'ai bien suivi leur façon de procéder, la seule continuité qu'ils aient parcourue, c'est celle de la base de données informatisée qu'ils ont consultée avec un parfait sérieux. D'où mon impression que la continuité de mes organes forme plutôt une *carte* qui repose assez superficiellement sur le *territoire* d'un corps accessible par d'autres procédures – aiguilles ou exercices de respiration. Il en serait alors de même d'un champ et d'un corps : pas plus l'agrobusiness n'exprime le comportement d'un sol, pas plus les différentes saisies par des biologistes n'expriment les puissances d'agir de mon corps. Là non plus, la carte ne serait pas le territoire vu d'en bas et à l'endroit.

Je ne me plains pas du pouvoir médical ; je ne critique pas l'impossible réductionnisme ; je cherche seulement à rendre mon corps compatible avec ce que j'ai appris de Terre. Même s'il ne s'agit pas de raviver l'antique analogie entre microcosme et macrocosme, je voudrais bien quand même les faire travailler de concert. S'il est exact que jamais nous n'avons l'expérience de rencontrer des « choses inertes », alors cela doit être encore plus vrai de la rencontre avec notre corps propre ! Je ne prétends pas non plus que les médecins hachent le corps en morceaux, comme des bouchers le feraient d'une pièce de bœuf, alors que l'acupuncteur et la coach le saisiraient *in toto*, de façon « holiste ». Pas plus que Gaïa n'est une totalité cohérente, pas plus ne l'est mon corps. Pas plus Terre n'est un « organisme » vivant, pas plus mon corps n'est un « organisme » unique. Le prendre « en totalité » n'a pas plus de sens que d'en extraire une « partie » en espérant que celle-ci restera fonctionnelle. Si une « livre de chair » isolée n'a pas de sens, un « corps entier » n'en a pas plus. L'unicité, les bords, les frontières, c'est ce qui manque le plus aux vivants, et cela vaut pour les parties, bien sûr, mais aussi pour les totalités. C'est bien ce que le mot de holobionte essaie de capter : les hétérotrophes, par définition, ne peuvent pas stabiliser ce dont ils dépendent. Donnez-leur une identité, celle-ci sera forcément en porte à faux, avec tous les êtres qui autorisent, contestent, soutiennent, échafaudent cette membrane provisoire. Cela vaut pour l'entité « cœur » ou « rein » comme pour l'entité « corps astral », « zone énergétique » « aura » ou « points d'acupuncture ». C'est tout l'avantage du confinement que de nous désincarcérer des bords à lignes claires.

Gregor, viens à mon secours : tes parents ont un corps « biologique » plus une « psychologie », très bien ; mais toi qui as subi cette métamorphose que je cherche à saisir, un siècle après, au sein de quel corps dois-tu t'habituer à vivre ?

Je note que déjà, en faisant appel à Terre, le « biologique » s'est un peu déplacé. Il est redevenu dépendant des instruments, des laboratoires, des examens, des bases de données, de la recherche, des essais cliniques, et s'est *réduit* à des prises locales, à des saisies partielles, à des procédures d'accès dont certaines fonctionnent comme prévu, d'autres moins. C'est le seul sens utile du mot « réductionnisme » : ce que les procédures de laboratoire permettent de saisir. Du coup, entre ces îlots, ces archipels, ces Sporades, il y a tellement de vides, de discontinuités, que l'on n'a plus aucune peine à y ajouter une bonne douzaine d'autres métiers, d'autres dispositifs, coach et acupuncteurs, sorciers et scarificateurs, chacun avec ses moyens, ses raisons et ses ambitions, mais dont aucun n'est capable de « couvrir » l'expérience d'être un corps. Il y a maintenant de la place pour tout le monde.

Mais cela ne nous dit toujours pas comment qualifier ce flot de l'expérience sur lequel se détachent ensuite tous ces différents métiers. Or j'en ai besoin pour assurer la compatibilité entre l'expérience de vivre confiné dans et avec Gaïa, et celle de vivre confiné dans et avec mon corps. Cela ne servirait à rien de s'habituer à ne plus quitter Terre, tout en continuant à prétendre que, idéalement, ce serait tellement bien, et vaguement possible, de quitter mon corps « biologique » pour être, je ne sais pas, « vraiment moi » ailleurs...

Avant, je disais « corps vécu » pour désigner la saisie subjective du même ensemble de choses vues de l'intérieur, alors que mon vrai corps, mon corps « objectivé » ou même « réifié » comme on disait naguère, demeurait solidement « biologique ». Je voudrais maintenant pouvoir utiliser le terme de « corps vécu » pour pointer vers la multitude des vivants qui s'assemblent provisoirement de façon assez durable pour me permettre de prolonger de quelque temps mon existence. L'expérience du cancer a ceci d'intrigant qu'elle oblige à s'intéresser à l'indépendance de quelques-uns de ces êtres qui suivent leur propre chemin encore plus librement que les autres. Minuscules, inaccessibles, astucieux, obstinés, mais surtout, comme tous les autres vivants, suivant une loi qu'ils se donnent à eux-mêmes. *Sui generis*, cause de soi, se dit de toutes les puissances d'agir, et de Gaïa par excellence. Ce nuage d'holobiontes, ces milliards de puissances superposées, entrelacées, interdépendantes, mènent chacune leur vie et chacune, selon ses choix, dure ou disparaît, engendre ou s'efface. Le corps vécu, le corps des vivants, et donc le corps des mortels, désigne maintenant la matérialité même de ce que je suis. C'est vrai de mon intérieur comme de mon extérieur, de l'ancien corps « subjectif » comme de l'ancien corps « objectif ». Si l'oxygène que je respire provient des bactéries, les poumons qui le respirent proviennent de ces lignées immensément longues qui s'en sont saisies comme d'une chance. Et moi, c'est la chance que j'ai de surfer quelque temps sur cette vague immense que je désigne comme « mon corps ».

N'est-ce pas une bonne façon d'assurer la continuité de l'expérience, ou comme le dit Stengers de « réactiver le sens commun » ? Ce fut l'inspiration de la grande tradition philosophique alternative au siècle précédent, celle de William James et de Whitehead. Avoir un corps, c'est apprendre à être *affecté*. L'antonyme de « corps », ce n'est ni « âme », ni « esprit », ni « conscience », ni « pensée », mais « mort » – comme l'antonyme de Gaïa, c'est Mars, la planète inerte. Mais cette tradition admirable restait justement alternative ou dissidente, noyée dans le formidable exil du positivisme, inaudible dans le fracas de la « grande accélération ». Si elle redevient audible aujourd'hui, c'est parce que l'expérience redevient celle, vernaculaire, de l'engendrement. Le macrocosme aide à renouveler le microcosme. Si les pratiques d'engendrement assurent la continuité, ce n'est pas par le déroulement des relations de cause à effet, toujours local, mais parce qu'elles insèrent dans tous les hiatus des cours d'action, dans chaque détail, ce moment, cette solution de continuité, cette inspiration, cette créativité parfois minuscule, qui permet aux agissements les plus ordinaires, ceux des cellules, des gènes, des employés, des médecins, des robots eux-mêmes, de prolonger un peu plus longtemps leurs puissances d'agir comme de pâtir. Depuis un demi-siècle, il se trouve que c'est par les différents féminismes, que l'exigence du corps s'est peu à peu répandue – *Our bodies ourselves* – au point de s'insinuer dans tous les interstices de la *res extensa*, d'abord de façon critique, avant d'occuper de proche en proche toute la scène, et finalement, grâce à la formidable résonance avec Gaïa, de devenir le tissu du monde et la nouvelle position par défaut. Nous sommes tous, mâles et femelles, des corps engendrés et mortels qui devons nos conditions d'habitabilité à d'autres corps engendrés et mortels de toutes tailles et de toutes lignées.

11
Reprise des ethnogenèses

Par la dure épreuve du confinement, les terrestres devinent maintenant où ils sont, ils se repèrent de mieux en mieux, ils ont inventé pour se déplacer une métrique à eux : l'exploration méticuleuse, en tâtonnant, de ce dont ils dépendent, le soin donné aux pratiques d'engendrement. Ils ont même enfin des corps mortels. Mais c'est pour tomber sur une nouvelle énigme : combien sont-ils ? Existe-il d'autres sociétés qui leur ressemblent ? Peuvent-ils reprendre à nouveaux frais la question de l'appartenance à une nation qui aurait des frontières repérables ? Là-dessus, la nouvelle de Kafka ne nous dit rien, Gregor étant mort seul desséché sous son divan sans laisser aucun témoignage sur ses congénères.

La difficulté est d'autant plus grande que tous ces termes de « sol », de « territoire », de « peuple », de « tradition », de « terre » et de « retour à la terre », d'« ancrage », de « localisation », d'« organicité » ont tous été appropriés, colonisés par les Modernes, pour décrire le passé, l'archaïque, le réactionnaire, ce dont il fallait à tout prix s'arracher par un formidable coup de rein vers le futur. Les reprendre, c'est se couvrir de la tunique de Nessus. Et la brûlure est d'autant plus urticante que ces mêmes termes ont été revendiqués, cette fois-ci *positivement*, par ceux qui ont en effet accepté de revenir en arrière, de retrouver la protection d'une patrie, d'une nation, d'un sol, l'entre-soi d'un peuple, d'une ethnie, d'un passé rêvé. « Si la globalisation ne mène plus nulle part, s'écrient-ils, au moins donnez-nous un lieu sûr pour y vivre, confinés peut-être, mais protégés, et surtout *entre nous*. » Les anti-Modernes suivent l'injonction proposée par les Modernes, mais à l'envers.

Comment les terrestres pourraient-ils rendre « légère » l'appartenance à la terre alors qu'ils prétendent bel et bien s'y fixer enfin durablement ? Comment faire de Terre un soubassement crédible, si cette terre est déjà appropriée, reterritorialisée, par ceux qui sont en train de se la partager en autant de nations juxtaposées sans autre idéal commun que la guerre de tous contre tous ? Ils risquent d'avoir l'air aussi bêtas que le héros de David Brin dans *Le Facteur* qui se balade tout seul en prétendant représenter un État depuis longtemps disparu, sans autre arme que sa casquette, ses épaulettes et sa sacoche de postier remplie de lettres sans auteur ni destinataire. Les terrestres ne peuvent pas explorer le reste du monde en se présentant comme les derniers représentants d'un

État universel qui n'existe plus... Mais inventer un nouvel universel, cela voudrait dire quoi ?

Que l'on ne vienne pas nous accuser, nous les terrestres, de remettre en cause l'universalité de l'humanité. C'est déjà fait, et en grand. L'anti-humanisme est un jeu qui se joue partout à la fois. Il était d'ailleurs inévitable que la fin de la Modernisation se traduise par une vaste pagaille, puisqu'elle offrait malgré tout une sorte d'horizon commun, d'ersatz de point Oméga. Une fois cet ancrage arraché, tout va à vau-l'eau. Cet universel négatif se révèle chaque jour, de crise en crise, par la déconstruction systématique de ce qu'on appelait naguère l'« ordre international ». Pour l'instant, il faut le reconnaître, les ruines de la Modernisation ressemblent assez au tableau donné par David Brin. D'où l'impression que l'on ne sort d'un confinement que pour entrer dans un nouveau cauchemar.

Et, pourtant, l'ancienne solution ne paraît plus suffisante pour pacifier les nations en guerre comme quand on disait : « Mais enfin, nous sommes tous des humains sur terre, voilà ce qui nous unit. » Cette solution s'entendait de deux façons qui menaient également hors sol. « Nous sommes tous des humains » voulait dire : « Par notre conscience, nos idéaux, notre morale, nous échappons tous également au sort des choses inertes, des corps biologiques et des animaux. » Ce qui revenait à vivre justement partout sauf avec Terre ! Il fallait croire au Ciel laïque ou religieux vers lequel on allait tous finalement déménager en se modernisant de concert. Mais l'autre rendu de cette fière maxime ne permettait pas davantage de se localiser sur terre : « Nous sommes tous des êtres naturels, produits des mêmes causes, et destinés aux mêmes fins que les objets faits de matière ; modernisons-nous à fond en disparaissant sans phrase comme le fait la Nature. » Cette naturalisation entraînait la même fuite accélérée hors de Terre, le même arrachement au sol, une autre translocation, non plus cette fois-ci vers le Ciel, mais vers Univers, en basculant de l'autre côté, dans l'au-delà du *limes*. Double exil, double fuite, pour prix de la reconnaissance d'une universelle humanité. On se modernisait tous, oui, mais au prix d'un suicide collectif ! C'était cher payé. Cette pulsion de mort était telle qu'il n'est pas étonnant que les thèmes de l'effondrement se soient aussi rapidement popularisés – collapsus d'un désir enfoui de collapsus.

Curieusement, le confinement aide les terrestres à fuir hors de la fuite hors du monde. C'est pourquoi, à bas bruit, partout se fait entendre le retour de la grande question anthropologique, celle de la reconnaissance réciproque de nations en voie d'émergence qui se demandent ce que veut dire être humain avec Terre. Si la situation s'est malgré tout quelque peu éclaircie, c'est que, sans que l'on s'en aperçoive, le travail des *ethnogenèses* a repris, à mesure que s'est accrue la déconnexion entre l'universel « humain » et les conditions matérielles de la vie terrestre. C'est comme s'il fallait désormais se mettre à compter avec différents régimes planétaires ; comme si, vraiment, l'humanité s'était résignée à vivre sur différentes planètes ; comme si personne ne se faisait plus d'illusion sur sa capacité à unifier le genre humain. J'en suis réduit à inventer une sorte d'astrologie, en repérant les alignements favorables ou défavorables de ces corps célestes devenus de plus en plus incommensurables.

Il y a la planète *Globalisation* qui continue d'attirer ceux qui espèrent en effet pouvoir se moderniser à l'ancienne, quelle que soit, par ailleurs, la disparition progressive de la terre sur laquelle ils vivent. Être « humains », pour eux, c'est demeurer joyeusement indifférent au sort de la planète, en déniant l'existence fragile, pelliculaire de sa zone critique. Alors qu'au XXe siècle cette globalisation dessinait l'horizon commun, elle n'apparaît plus aujourd'hui que comme une version provinciale du planétaire. Difficile d'universaliser ce déni de réalité – en tout cas sur terre.

Il y a la planète qui pourrait s'appeler *Exit*, habitée par ceux qui ont trop bien compris les limites de la terre, mais qui, pour cette raison, ont décidé de la quitter au moins virtuellement en s'inventant des bunkers hypermodernes sur Mars ou en Nouvelle-Zélande. Pour eux le mot « humain » de plein exercice est réservé aux seuls riches, les fameux 0,01 %. L'idéal de modernisation pour tous est abandonné et celui de la redoutable Ayn Rand définitivement réalisé. Enfin, ne plus s'occuper de personne ! Ceux qu'ils ont accepté de laisser en plan, *left behind*, ne reçoivent pas d'autre nom que « surnuméraires ».

Il y a enfin la planète *Sécurité*, celle des laissés-pour-compte qui se regroupent dans des nations solidement confinées, tout à fait hors sol elles aussi, mais qu'ils espèrent au moins protectrices. « Humains », dans ce monde-là, n'a pas grande généralité puisqu'on le remplace, selon les cas, par « Polonais », « Padaniens », « Hindous », « Russes », « États-Uniens Blancs », « Han », « Français de souche », en se gardant d'appliquer le mot à ceux qui vivent à l'extérieur des frontières. L'idéal de commune humanité, on l'a jeté par-dessus bord.

Si les terrestres, dans cette conjonction terrible, ne se sentent pas tout à fait écrasés, c'est à cause de l'attraction puissante d'une quatrième planète. S'il est périlleux de lui donner trop vite un nom, c'est pour ne pas se laisser capter par le champ gravitationnel de la triste histoire moderne. Cette planète-là n'est ni « archaïque », ni bien sûr « primitive », ni même « fondamentale » ou « ancestrale ». C'est celle habitée par des peuples nombreux qui, comme dit Viveiros de Castro, ont toujours vécu *en deçà* des Modernes, ce qui leur a permis de maintenir de mille façons leurs manières vernaculaires d'exister en résistant de leur mieux aux entreprises de développement. Les extra-modernes, en voilà qui sont sortis de leur boîte et se sont déconfinés, ou plutôt décolonisés à toute vitesse.

Au point qu'on serait tenté de nommer leur planète *Contemporaine* puisque, d'obsolète qu'elle était, voilà qu'elle devient terriblement *de notre temps*. Comme le dit durement Nastassja Martin, c'est de ces peuples que nous avons mis en danger que les industrialisés peuvent apprendre à survivre, comme si, pour se civiliser à nouveau, ils se disaient à eux-mêmes : « Soyons résolument *ensauvagés* par eux »...

Mais alors, attirés et repoussés par ces quatre attracteurs, quel pourrait être le projet des terrestres ? La machine à engendrer des peuples qui se mettent à explorer en tâtonnant qui ils sont, avec qui, contre qui et pour qui, nécessite un art que Stengers appelle de *diplomatie*.

Bien sûr, les États-nations pratiquent déjà la diplomatie, mais sur des territoires de guingois, puisqu'il n'y a jamais de superposition entre ce qui se trouve à l'intérieur de leurs frontières et ce qui se trouve à l'extérieur, qui leur permet pourtant de prospérer. Si les États-nations apparaissent côte à côte, *partes extra partes*, sur une carte géographique, c'est parce qu'on ne sait pas dessiner les États fantômes qui les rendent vivables et dans lesquels ils se trouvent, en quelque sorte, plissés. Il y a bien ce qu'on appelle des relations internationales et même quelques machines supranationales, mais elles ne parviennent pas à réduire la formidable déconnexion chaque jour croissante entre les territoires « où l'on vit » et ceux « dont on vit ». Du coup, les diplomates ne savent jamais exactement quels sont les intérêts de leurs mandants – le plus honnête risque de trahir.

Inutile d'espérer se désenclaver des États-nations en célébrant le « local », puisque c'est la même grille qui répartit l'échelle propre aux États et l'échelle propre aux territoires enchâssés dans ceux-là, alors que la moindre exploration des interdépendances oblige à traverser l'échelle de l'un comme l'échelle de l'autre, et cela plusieurs fois par minute. Rien n'est strictement local, national, supranational ou global. Il faudrait définir autant de cartes qu'il y a de puissances d'agir : chaque rivière, chaque ville, chaque oiseau migrateur, chaque ver de terre, chaque fourmilière, chaque ordinateur, chaque super-conteneur, chaque cellule, chaque diaspora dessinant une forme qui se superposerait, baverait, déborderait sur les autres en dissimulant leurs tenants et leurs aboutissants. Quel fouillis ce serait !

Abandonner franchement toute prétention à l'humanisme ? La tentation est forte maintenant que les formes de vie courent dans la même direction. Et pourtant, quelle esquive ce serait d'abandonner l'anthropocentrisme juste au moment où les humains modernisés, par leur nombre, par leurs injustices, par leur expansion bel et bien universelle, se mettent à peser sur le sort des autres formes de vie au point d'être mesurés, dans certains calculs, comme l'agent d'une sixième extinction. Comme s'en indigne Clive Hamilton, ce n'est sûrement pas le moment pour ces humains-là de refuser le fardeau que leur présence multiforme fait peser sur tous les autres vivants. On a peut-être raison de critiquer le terme « Anthropocène », mais il marque exactement le but à atteindre si l'on comprend qu'embrasser l'antihumanisme serait une fuite en avant, une autre façon pour Atlas d'abandonner cette mission dont il s'est chargé par inconscience. Ce fardeau écrasant, il ne peut pas s'en défaire par un haussement d'épaules – *Atlas shrugged all over again* ? Si le mythe d'Atlas a encore un sens, c'est plutôt pour lever ce poids que certains peuples font peser sur les autres.

Si la machine à engendrer des peuples butte de tous côtés, c'est que les terrestres ne cessent de se colleter à la notion même de frontières, qu'elles soient locales, nationales ou universelles. On mesure à quel point les humains modernes sont hors sol, quand on s'aperçoit que leurs ressources mentales ne reposent que sur l'identité et ses frontières. C'est comme si l'on traitait les hétérotrophes – ceux qui dépendent d'autres formes de vie pour exister – comme s'ils étaient autotrophes, autochtones et autonomes. C'est de là que vient le chaos. S'il est facile de comprendre la fonction de diplomates mandatés par des États westphaliens pour négocier le tracé des frontières, à quoi ressemblerait une *diplomatie des holobiontes* ? Et pourtant c'est bien la nature même de la diplomatie que de saisir *les limites de toute notion de limite*. Aussi loin que l'on remonte dans l'histoire de cet art si ancien, les ressources de la négociation viennent toujours de la redéfinition de ces fameuses « lignes rouges » que les parties ne cessent de tracer sur le sable à grand renfort de menaces. Comme si elles savaient pour sûr à quoi elles tiennent et ce qu'elles veulent ! Comme si elles avaient une identité ! Comme si elles savaient de combien d'êtres extérieurs dépendent les fines membranes à l'intérieur desquelles elles se croient protégées. À chaque fois, l'art subtil des diplomates vient de ce qu'ils modifient les intérêts en modifiant les identités. On ne fait pas rentrer des holobiontes, ces superpositions de monades, à l'intérieur de frontières. Autant vouloir diviser la mer avec une épée, comme le disait Leibniz qui n'est pas pour rien le père des monades et le saint patron de la diplomatie.

Il faut donc s'y prendre autrement. Une voie s'ouvre à nous quand nous nous apercevons que l'universel ne procède pas de la même façon avec Terre et dans Univers. Ce n'est pas un problème d'échelle, comme s'il fallait passer progressivement du local au global, du petit au grand, du spécifique au général. C'est une question de métrique. Les universaux dont le cheminement est aujourd'hui suspendu empruntaient leur mode de déplacement aux façons d'être dans Univers : un cas pouvait tenir lieu de tous les cas. Les « sciences royales » nous ont habitués à ces foudroyantes généralisations : Descartes avait à peine stabilisé quelques résultats sur la mesure d'un rayon lumineux qu'il rédigeait *Le Monde* ; Pasteur avait à peine injecté un vaccin antirabique à Joseph Meister que déjà les hygiénistes déclaraient la « fin des maladies infectieuses »; Sony fait hocher la tête à deux robots anthropomorphes, et voilà que l'on annonce déjà le posthumanisme ! Les Modernes ne pouvaient jamais s'assurer d'un fait ou promouvoir une technique, sinon en fusionnant l'idéal de connaissance objective avec la magie. Ils étaient toujours à la recherche d'un *magic bullet*.

Or, avec Terre, ce n'est pas ainsi que les choses se contaminent, conspirent, se répandent, s'imbriquent, se compliquent et, oui, en effet, se répandent, mais *de proche en proche* en comptant sur le soutien d'autres êtres en superposition et sans jamais sauter une étape. Les sciences y déambulent lentement, sans le secours de la magie. Les universels à l'ancienne, empruntés à Univers, n'ont pas cours sur Terre. Ô la belle leçon que le Covid 19 a offerte aux confinés, en leur rappelant qu'on pouvait parfaitement cheminer de bouche en bouche et de main en main et faire en quelques mois plusieurs fois le tour de la planète. En voilà un globalisateur ! Au moins, grâce à la pandémie, personne ne dira plus que « de proche en proche » cela veut dire forcément qu'on restera pour toujours « local » et « nettement distincts » les uns des autres.

Du coup, nous ne sommes pas tout à fait démunis. Les arts de la diplomatie retrouvent simplement leur vocation première en continuant à tâtonner, en sachant que chaque limite en dissimule une autre et que chaque changement d'échelle suppose le relais d'un autre vivant. Terre a bien fini par s'insinuer presque partout, pourquoi ceux qui suivraient ses modes de prolifération ne parviendraient pas aussi à se répandre ? Lentement, bien sûr, et sans pouvoir sauter par-dessus les conflits. Après tout, Gaïa non plus n'est pas née *grande* d'un coup : elle l'est devenue, de moment en moment, d'inventions en inventions, d'artifices en artifices.

12
De bien étranges batailles

Faire l'apprentissage du confinement, c'est essayer d'en tirer les leçons pour la suite, comme si le Covid pouvait servir de préparation, de répétition générale, pour quand nous serons de nouveau confinés par une autre panique devant une autre menace. Plus le confinement dure, plus il procède par à-coups, plus la leçon est dure, mais plus elle est durable : on ne sortira plus dehors ! Dehors c'est une autre enveloppe, un autre biofilm, une autre zone critique, qui se trouve en effet dans un état critique. « Tout le monde descend ; vous n'irez pas plus loin. » Entre hier et aujourd'hui, entre Gregor, bon fils et bon employé, et Gregor le cancrelat qui cherche à maîtriser le mouvement erratique de ses six pattes velues, il y a un tel abîme que le cœur risque de lui manquer s'il se remémore l'ancien temps, le temps moderne.

Et c'est à ce sentiment de confinement que tu t'efforces de donner un sens *positif* ? C'est se moquer de nous ! Alors que nous étouffons derrière nos masques et que nous sommes tenus de rester à deux mètres de tous ces visages hémiplégiques, nos parents, nos proches ? Au contraire, nous voulons respirer à notre aise, à pleins poumons, aller de l'avant, redevenir insouciants, oui – et même prendre l'avion !

Voilà, ce n'est pas la peine d'aller bien loin pour reconnaître de nouvelles lignes de conflit : elles nous traversent les poumons. Nous voulons respirer comme avant, alors même que ceux qui prétendent « continuer comme avant » nous étouffent – et que nous *conspirons* avec eux. C'est tout le système respiratoire planétaire qui se trouve perturbé et à toutes les échelles, qu'il s'agisse du masque derrière lequel nous haletons, aussi bien que de la fumée des incendies, de la répression policière ou de l'écrasante température imposée jusque dans l'Arctique. Le cri est unanime : « Nous étouffons ! » Et celui-là du moins on l'entend aussi bien dans la chambre close de Gregor que dans la cuisine riquiqui où se terre la famille Samsa.

Cette guerre de tous contre tous je ne la ressens pas seulement comme autrefois par un pays qui en occupe un autre, mais par l'occupation indue de l'un ou l'autre des êtres qui me permettent de subsister. Tel insecte, tel produit chimique, tel métal, tel atome – oui, jusque dans les atomes – sans oublier le climat – ah, ce climat qu'on voudrait tellement, tellement oublier et qui ne nous lâchera plus... Et cette occupation, cette prise de terre est multiforme et à toutes les échelles. Forcément puisque chaque citoyen vit dans un monde qui n'est pas celui qui le *fait vivre*. Les holobiontes ne peuvent jamais se définir par leur identité puisqu'ils dépendent de tous les autres pour avoir une identité. Par définition, ils sont toujours en porte à faux, en superposition avec d'autres dont ils dépendent.

Chaque fois qu'un activiste entre en contact avec moi, citoyen d'un État-nation, nous nous apercevons ensemble que les frontières de nos identités, de nos administrations, de nos productions, de nos techniques, et bien sûr de notre moi profond, ne sont pas pertinentes. Selon les cas, mon neveu s'aperçoit qu'il a besoin pour cueillir ses raisins de vendangeurs dès la mi-août ; ma fille que son biotome dépend d'une alimentation qu'elle avait dédaignée ; mon ami qu'il n'y a plus sur son parebrise d'insectes qui pollinisaient ses arbres fruitiers ; ma voisine, que les terres rares nécessaires à son usine sont toutes entre les mains de la Chine ; tous enfin, que la température de l'atmosphère dépend de chacune de leurs actions quotidiennes, et ainsi de suite. Chaque rencontre est une épreuve que subissent les frontières dans lesquelles l'action d'un agent se déroulait jusqu'ici. Elles sont à chaque fois débordées par d'autres agents qui empiètent sur ce qui délimitait auparavant un territoire. Ce qui accroît encore la durée, l'intensité et l'angoisse d'être confiné et donne l'impression de toujours devoir repousser des puissances occupantes.

Je me trouve alors entre deux mondes : celui dans lequel je vis en citoyen de plein exercice, protégé par des droits, et cette autre enceinte, beaucoup plus vaste, plus ou moins facile à cerner, mais de plus en plus remplie et plus éloignée : le monde *dont* je vis. Comme deux enceintes à la fois proches et pourtant déconnectées. La question politique, morale, affective devient alors pour moi : que faire de ce *deuxième monde* ? Que veut dire étendre les frontières de mon pays, de mon peuple, de ma nation, pour *inclure* ce deuxième monde tel qu'il m'est peu à peu révélé ? Est-ce que je deviens l'habitant d'un autre corps politique ? C'est là que l'ethnogenèse commence à sérieusement dissoudre mes appartenances antérieures. Je ne sais plus quel est mon pays. Je ne reconnais plus mon sol. Je suis perdu.

Chaque portion de mon corps, de ma niche, de mon territoire est occupée par d'autres pour mon bien ou pour mon malheur. Je veux bien avoir des amis et des ennemis, mais je voudrais qu'ils s'organisent en lignes à peu près reconnaissables, en camps, en fronts. Je ne demande pas que mes adversaires portent un uniforme, mais, quand même, qu'on sache les reconnaître. Rien de pire que cette guerre multiforme où semblent agir des milices sans insignes qui se déplacent dans des voitures banalisées. Les émetteurs de CO_2 où sont-ils ? Les destructeurs d'abeilles, comment savoir s'ils ne sont pas dans mon jardin, et même dans mes placards ? Les porteurs de Covid, comment les détecter derrière leurs masques – surtout quand ils sont « asymptomatiques » ? Les profiteurs des subventions à la recherche pétrolière, où les dénicher ?

J'ai bien une solution, celle de rejeter à l'extérieur de mes frontières ce dont néanmoins j'ai un besoin vital pour survivre. Solution parfaite : d'un côté, je continue à profiter de l'accès à ce deuxième monde ; d'un autre, je refuse l'accès de ces autres agents, humains ou non, à toute forme de citoyenneté, de reconnaissance, de droits égaux aux miens. Ce refus, bien sûr, va me mettre, comme dit Pierre Charbonnier, en porte à faux puisqu'il va me falloir continuer à *occuper* des territoires dont je *dénie* par ailleurs la présence. C'est la position même de l'*extracteur* : violence extrême pour maintenir l'occupation – qu'il s'agisse de colonies ou de pétrole, de terres rares ou de bas salaires – et rejet tout aussi violent de toute responsabilité, puisque les droits du premier monde ne s'étendent pas dans le second. Ce sont les deux pinces de la *prise de terre* : l'une approprie, l'autre exclut. Les *enclosures* toujours recommencées. Mais comment vais-je pouvoir supporter cette tension ? L'extractivisme rend fou, car le seul moyen d'absorber une pareille contradiction, c'est de fuir hors du monde. Je vais commencer par le climato-scepticisme, et je vais finir où ? Avec les complotistes ?

Ces Extracteurs, alors, ce sont eux mes ennemis ? Mais non, parce que j'en suis un, à chaque moment de ma vie ! Si je me séparais d'eux, j'irais où ? D'autant que l'autre solution est encore plus difficile à encaisser.

Supposons qu'en citoyen convaincu je décide d'*enlacer* à la fois le monde où je vis et le monde dont je vis par un nouveau tracé, un nouveau bord, en disant de l'ensemble ainsi entouré : « Voici mon sol, voici mon peuple ! » Que va-t-il se passer ? Je me trouve toujours en porte à faux, mais cette fois-ci avec l'État-nation dont j'étais jusqu'ici citoyen plus ou moins insouciant. Je deviens un traître aux yeux de ceux qui rejettent l'inclusion d'innombrables migrants – humains ou non – dans la définition de ma nouvelle citoyenneté. Et les conflits vont s'accroître à mesure que, en bon activiste, je vais étendre mon enquête, repeupler mon nouveau territoire, mobiliser plus de savoirs, multiplier les expériences alternatives, et m'opposer de plus en plus durement aux mœurs des Extracteurs. Me voici encore une fois jeté hors de toute appartenance.

Comment nommer ceux qui sont sans patrie parce qu'ils veulent insérer la patrie terrestre, ou mieux la mère-patrie-terrestre, dans la définition de leurs propres pays ? « Anarchistes » ? Oui parce qu'ils rejettent les frontières de l'État où ils sont nés. « Socialistes » ? Si l'on veut, mais comment insérer les lichens et les forêts et les fleuves, l'humus et toujours ce fichu CO_2 dans l'ancienne idée de société ? « Citoyens du monde » – si ce monde pouvait devenir la planète ? « Internationalistes » si « nation » pouvait s'étendre aux non-humains ? « Interdépendants » ? « Criticalzonistes » ? « Loyalistes » ? « Reconnecteurs » ?

Alors même que les Extracteurs maintiennent l'occupation du deuxième monde par la violence et fuient par une autre violence dans le déni, les *Ravaudeurs* – j'essaie ce nom provisoire – doivent se battre pour recréer un autre tissage des territoires que leurs ennemis ont abandonnés, après les avoir occupés et saccagés. Mais ils doivent procéder à ce ravaudage sans aucune des ressources juridiques, policières, étatiques, mentales, morales, subjectives des États-nations à l'intérieur desquels ils se trouvent toujours inclus – au moins pour l'instant. Et surtout sans le concours assuré des entités innombrables de ce deuxième monde qu'ils prétendent embrasser, mais dont ils ignorent pour la plupart les mœurs, les coutumes et les revendications. Et pour compliquer encore les choses, la superposition des holobiontes fait que derrière chaque frontière une autre frontière se révèle, un autre monde d'opérateurs jusque-là ignorés qu'il va falloir prendre en compte. D'où cette multiplicité des controverses qu'on appelle « environnementales » sur chaque participant d'un monde qui n'est plus du tout commun : viande, atome, forêt, éolienne, vaccins, voiture, briques, pesticides, poissons, graine, fleuve, tout est désormais matière à conflits. Mais voilà, ces conflits ne s'organisent pas en un tableau reconnaissable.

Pendant les deux siècles précédents, il y avait en place une grande machine, une immense scénographie, qui organisait tous les conflits et permettaient de repérer, même grossièrement, où il fallait se placer pour tenter d'être juste. C'était le conflit des riches et des pauvres, conflit rendu plus précis par la distinction faite entre les prolétaires et les capitalistes. Le nouveau conflit entre les Extracteurs et les Ravaudeurs, si l'on accepte ce mot, joue aujourd'hui le même rôle par son ubiquité, son intensité, sa violence, sa complexité, que le précédent, sauf qu'il mobilise bien au-delà des seuls humains. Dire qu'il est mondial serait un euphémisme. Il a le monde pour enjeu, à ceci près que la définition du monde est radicalement différente selon les parties aux conflits. Et, surtout, il traverse l'ancien front de classe en mille sous-sections transversales : nous l'avons appris des Gilets jaunes. L'expression d'*intersectionnalité* vient peut-être à point. Inventée pour capter la nouveauté des conflits entre humains, elle est encore mieux ajustée pour désigner les conflits entre Extracteurs et Ravaudeurs qui obligent pour chaque enjeu à redessiner les lignes de front et à retisser, à réparer, à ravaler, à rapiécer d'autres alliances sur d'autres territoires.

L'ancienne scénographie dépendait de l'Économie puisque c'était par la position dans le « système de production » que se repéraient les injustices. Mais dans ces nouvelles étranges batailles, l'Économie n'est plus qu'un voile superficiel, et ce n'est plus de production qu'il s'agit. Ce qui est en question, ce sont les pratiques d'engendrement et la possibilité ou non de maintenir, continuer, voire amplifier les conditions d'habitabilité des formes de vie qui maintiennent, par leur action, l'enveloppe même dans laquelle l'histoire ne cesse de se dérouler. Non plus seulement une histoire de la lutte des classes, mais une histoire de ces nouvelles classes, alliances, sections, en lutte pour l'habitabilité que Nikolaj Schultz étudie sous le nom de « classes géosociales ». Le devenir-non humain des humains déplace l'injustice : ce n'est plus la « plus-value » qui est accaparée, mais les capacités de genèse, la plus-value de subsistance ou d'engendrement.

Organiser la guerre des Extracteurs et des Ravaudeurs en deux camps ? Mais c'est impossible, parce que la notion de « camp » avait un sens dans les périodes révolutionnaires, quand on imaginait de *remplacer* un monde par un autre, radicalement, totalement, par un grand basculement dialectique, par une sorte d'opération extrême, limitée dans le temps, cohérente et concertée. Mais l'affreuse ironie, c'est que ce remplacement, cette grande bascule a *déjà eu lieu*, et c'est justement de ce *monde remplacé*, le monde modernisé, que nous voulons sortir en retrouvant le nôtre – ou ce qu'il en restera pour le faire prospérer. L'Anthropocène, c'est le nom de cette révolution totale, qui s'est faite sous nos pieds pendant que nous célébrions, en cette glorieuse année 1989, la « victoire contre le communisme ». La voilà l'étrange défaite !

Ce qui rend toutes les batailles actuelles si étranges, c'est que nous sommes bel et bien en guerre, et c'est une guerre à mort, une guerre d'éradication et que, pourtant, je me sens incapable de l'organiser en camps, en deux camps, en imaginant la victoire de l'un sur l'autre. D'autant que pour nous rassembler sous un même drapeau, il faudrait croire aux identités, alors que c'est justement les limites de toute notion d'identité que révèle la crise actuelle. Les ennemis sont partout et d'abord en nous, parce qu'ils se sont justement insinués dans nos territoires par le truchement imprévu des choses qui ont repris leur mouvement propre – ce mouvement qu'on ne discernait pas quand elles étaient prises pour de simples « objets inertes » et qu'elles restaient, précisément, à distance. D'où l'obligation de recomposer point à point la nature du sol, oui de ravauder, alors que chaque détail des zones critiques est un monde à soi qui nous implique et nous oblige.

Du coup, les pieds sur la boussole du consortium, je m'interroge : en fonction de mes actions minuscules, est-ce que j'accrois ou que je stérilise les destinées de ceux dont j'ai jusqu'ici bénéficié ? Et leur nombre ne cesse de croître, à mesure que se déploient les holobiontes enchâssés les uns dans les autres à toutes les échelles. Il y avait une culture politique, des affects politiques, pour « aller de l'avant » et remplacer ce monde par un autre, mais, chose bouleversante, il n'y en a pas pour *s'ajuster* à la Terre, pour *cesser de remplacer ce monde par un autre*. Comme s'il fallait changer d'affects, d'attitudes, d'émotions même et jusqu'au sens de l'action. Ô malheureux Modernes, comme on comprend que vous aspiriez à redevenir des humains à l'ancienne, libres, émancipés de toute attache, en voie vers le progrès, respirant à pleins poumons, dehors, dehors ! Torture de Gregor. Et, pourtant, il a vite compris que céder à cette tentation ce serait le meilleur moyen de perdre son âme – et nous la nôtre.

13
S'égailler dans toutes les directions

C'est très bizarre, je le reconnais, de vouloir tirer des leçons du confinement à répétition au point d'en faire une expérience presque métaphysique. Et pourtant, c'est bien de physique – méta-, infra-, para- – qu'il s'agit puisque nous sommes obligés de reconnaître, grâce à cette épreuve, que nous ne savons pas encore *où* nous sommes confinés, que nous ne ressentons pas de la même façon la consistance, la résistance, la physiologie, la résonance, la combinaison, la superposition, les propriétés, la matérialité des choses qui nous entourent. Alors que les Modernes espéraient changer de période, les voilà obligés de réapprendre à se situer dans l'espace. Il y a encore deux ans, on organisait des séminaires pour essayer de sonder les sources de l'insensibilité à la question climatique. Maintenant, chacun a compris qu'elle était bien là, ce qui ne veut pas dire que l'on sache pour autant comment y réagir. C'est que, derrière la question politique – « Que faire ? Comment s'en sortir ? » –, est apparue une autre question : « Mais enfin *où sommes-nous ?* » Grâce au confinement, et même à cet horrible masque qui nous mange la figure et nous étouffe, on en vient à ressentir, derrière la crise politique, l'irruption d'une crise *cosmologique*. Jamais nous n'avons rencontré de « chose inerte », pas plus en ville, où tout est l'œuvre des vivants, qu'à la campagne où tout garde la trace de l'action des vivants.

Ce n'est pas la première fois, bien sûr. Les futures nations industrielles sont passées par bien des mutations de cet ordre, surtout au tournant du XVIe et du XVIIe siècle, quand elles ont été arrachées à leur ancien cosmos fini où elles avaient l'impression de gésir confinées, avant d'être précipitées dans l'univers infini dessiné par la violente saisie du « Nouveau Monde », amplifiée par les stupéfiantes découvertes de Copernic à Newton. Il a fallu tout reprendre : le droit, la politique, l'architecture, la poésie, la musique, l'administration, et bien sûr les sciences pour encaisser cette première métamorphose. Pour accepter que la terre, devenue planète parmi d'autres, se mette à tourner. Depuis Galilée, l'idée était bien que nous allions vivre dans un *autre monde*, Univers transféré, greffé, transplanté sur terre. Mais Terre est faite d'une tout autre matière. Encore un autre monde révélé *sous* l'autre monde. L'histoire se reboucleraitelle à nouveau sur elle-même ? Une histoire pleine de chausse-trapes. Comment se lover dans cette histoire-là sans perdre le sens ?

La terre tourne, à nouveau, aujourd'hui, mais cette fois-ci *sur* et *par* elle-même et nous nous retrouvons au milieu d'elle, insérés, confinés en elle, coincés dans la zone critique, et nous n'arrivons plus du tout à y déclamer à nouveau la grande geste de l'émancipation. J'ai l'impression d'être plutôt comme du linge qui tourne dans le tambour d'une machine à laver, à tourner follement, sous pression et à haute température ! Il faut tout réinventer à nouveau, le droit, la politique, les arts, l'architecture, les villes, mais, chose encore plus étrange, il faut aussi réinventer le mouvement même, le vecteur de nos actions. Non plus aller de l'avant dans l'infini, mais apprendre à *reculer*, à *déboîter*, devant le fini. C'est une autre manière de s'émanciper. Une forme de tâtonnement. Curieusement, redevenir capable de *réagir*. Oui, oui, je sais bien, « réagir » et « réactionnaire » ont même racine. Mais tant pis, c'est d'aller toujours de l'avant qui nous enfermait, et c'est d'apprendre à reculer qui nous déconfine. Nous avons besoin de retrouver des capacités de mouvement, oui des puissances d'agir. Toujours ce devenir-insecte qui permet d'autres mouvements, en crabe, en cafard. Il y a de la beauté, il y a de la danse, dans la reptation rythmée de mon Gregor.

Rien ne montre mieux ce paradoxe que cette excellente idée de calculer le « jour du dépassement », calcul qui révèle une rupture temporelle aussi forte que la rupture spatiale. Même sommaire, cet indicateur permet de doter chaque État-nation d'une date, de plus en plus précise, qui permet de noter le jour de l'année où son « système de production », pour utiliser un terme démodé, a épuisé ce que la planète lui a procuré comme jouissance. Pour tenir dans les limites – en tout cas les limites actuelles connues –, il faudrait que les États *recule* la date au maximum, idéalement jusqu'au 31 décembre. Nous n'en sommes évidemment pas là ; il semble que l'humanité prise en bloc dépasse ses limites au 29 juillet, puis continue de vivre tout le reste de l'année jusqu'au 31 décembre, « au-dessus de ses moyens », en dette avec la planète – dette de cinq mois, reportée, bien évidemment, au bilan de l'année suivante !

Ce qui donne une idée de la violence et de l'ubiquité du conflit entre les Extracteurs, qui ne cessent par indifférence d'avancer dans l'année la date du recouvrement – si on les laisse faire, on aura épuisé les ressources de l'année avant la Chandeleur –, et les Ravaudeurs, qui cherchent à la reculer le plus possible – idéalement jusqu'à la Saint-Sylvestre –, c'est ce qui s'est passé au printemps 2020. Grâce au confinement, on a pu observer un *recul* de trois semaines du jour de dépassement. Recul très provisoire que l'année 2021 risque de déplacer encore, mais dans le mauvais sens, grâce à la « reprise économique ». (Il apparaît que les autres terrestres, virus bien sûr, mais aussi renards, perches, loutres, dauphins, baleines à bosse, coyotes, aient profité de ce recul pour s'ébrouer quelque peu – et les merles pour mieux faire entendre leur chant !)

On mesure la violence des rapports de force entre les Extracteurs et les Ravaudeurs, si l'on imagine les épreuves terribles qu'il a fallu subir pour déplacer de quelques semaines la superposition des deux mondes, le temps où l'on vit et ensuite, tout le reste de l'année, le temps dont on vit et que l'on ignore. Il faut une crise économique mondiale pour gratter quelques jours – avant de les reperdre ! Rien dans l'ancienne scénographie, quand les parties aux conflits de classe étaient toutes en accord avec le « développement de la production », ne donne une idée de l'ampleur des tâches à accomplir par ceux qui se proposent de « reculer le jour du dépassement ». Surtout quand sont innombrables et puissants ceux qui souhaitent au contraire le faire encore avancer. Ce ne sont plus des tâches de développement, mais, dans la logique du confinement, des tâches d'*enveloppement*. Comment conserver l'idée d'émancipation, s'il faut accepter de s'insérer, de s'engager dans ces combats ? On comprend la tentation de redevenir des humains à l'ancienne et d'en rester à la précédente métamorphose, celle des « Grandes Découvertes », en célébrant l'évasion vers le cosmos infini.

Et pourtant, c'est là l'étonnant, nous y sommes tous déjà, nous avons tous déjà mutés sans nous en apercevoir, puisque l'horizon politique, ce qu'on appelle l'« ordre international », est tout entier défini, explicitement, au su et au vu de tout le monde, par le défi de maintenir l'enveloppe où l'histoire présente se déroule, dans une sphère, dans une bulle, entre des limites, celles définies pour l'instant par cette fameuse hausse de deux degrés de la température globale. Le Nouveau Régime Climatique est bel et bien un nouveau *régime* politique. On ne le dirait pas en considérant la politique nationale, et pourtant la politique planétaire a déjà basculé dans cet autre monde dont les confinés ont eu l'avant-goût et que les déconfinés découvrent avec effroi : un monde qu'ils ne quitteront pas, courbé, délimité, tenu, par une sorte de membrane, de tente, de ciel, oui d'atmosphère, d'air conditionné, à l'intérieur duquel il leur faudra vivre et parmi des puissances d'agir qui ne prendront plus jamais la forme d'un paysage de « choses inertes ».

Étonnant décalage : alors que la politique internationale a déjà basculé, la source *scientifique* de cette compréhension du sol reste obscure. Plus qu'obscure : presque indicible. Et pourtant, pourquoi ferait-on de ces fameux « deux degrés » le but à atteindre par toute décision globale, nationale, locale ou personnelle, si la preuve n'était pas déjà subrepticement acceptée que Terre est bien le résultat périlleux d'une machinerie de vivants qui a procuré jusqu'ici les conditions d'habitabilité dont nous sentons, par mille expériences diffuses, qu'il est aujourd'hui remis en question par nos actions ? Pour qu'on ait si peur de le détraquer, il faut bien qu'on ait accepté comme une évidence l'existence d'une sorte de fabuleux « thermostat » à la molette de laquelle l'« humanité » – quelle improbable actrice ! – aurait accès pour le régler. Double boucle de rétroaction, celle des vivants capables de créer leurs propres conditions d'existence, dans laquelle se trouve insérée cette deuxième boucle de rétroaction : l'action de ces vivants parmi d'autres, si proches et si différents, amis et ennemis, les humains industrialisés, sur ces mêmes conditions d'habitabilité. Double confinement, double enveloppement, double emmêlement.

Terre ou Gaïa organise déjà l'horizon politique alors que son existence savante est inconnue, méprisée ou déniée et que ses conséquences métaphysiques restent invisibles. Dresser le parallèle entre la terre qui tourne au sens de Galilée et la terre qui tourne sur elle-même au sens de James Lovelock et de Lynn Margulis, comme je m'y essaie de cent façons avec Frédérique Aït-Touati, c'est à chaque fois créer un petit scandale. Pour une fois, la politique instituée – les fameux accords sur le climat – se trouve en avance sur les mentalités scientifiques. On continue à faire comme si c'était un coup de chance que des organismes s'« adaptent » à leur environnement, comme s'ils ne s'étaient pas *donné* celui-ci, en le rendant favorable, alors qu'il ne l'était pas. Et, par conséquent, comme s'ils ne pouvaient pas, à leur tour, le rendre favorable ou défavorable selon l'action de ces vivants parmi d'autres que sont les humains – mais des vivants beaucoup trop pressés. Pas étonnant que le sens commun soit déchiré. On nous demande d'agir comme si nous vivions avec Terre, alors qu'on fait tout pour que nous déménagions hors d'elle. En voilà une injonction contradictoire ! Crise de régime, en effet, si l'on entend par là qu'il s'agit de régime *planétaire*.

Terre exerce une autorité qui traverse, perturbe, interrompt, conteste les modes de souveraineté des États-nations qui avaient organisé le partage du sol à l'époque moderne. Oh non, il ne s'agit pas d'une souveraineté venue d'en haut qui viendrait globaliser en un seul pouvoir incontestable ceux des États, une sorte d'ersatz de « gouvernement global ». C'est que Terre n'est pas globale. Son mode de déplacement, d'amplification, de contamination n'a guère changé depuis que les premières bactéries ont réussi à couvrir la planète ancestrale d'un film de quelques centimètres. Ce film s'est épaissi, agrandi, dispersé mais toujours de proche en proche, il n'a toujours pas dépassé, après quatre milliards et demi d'années, les quelques kilomètres de la zone critique. Impossible de loger cette contamination-là, cette forme virale de déplacement, dans les éblouissants emblèmes du pouvoir imaginés par les empires. Pas de palais, de pyramide, de codex, de prison, de colonnade, de dôme ou de globe. Pas de culte. Pas de divinisation.

Et pourtant, il y a bien l'exercice multiforme et multi-échelle de cette forme de pouvoir qui revient à ceux qui peuvent se dire, collectivement, autonomes et autochtones. Autotrophes ne peut se dire, en toute rigueur, que de Gaïa, celle qu'on ne peut dépasser, dont on ne peut pas sortir. Donc, en ce sens, *souveraine*. Mais d'une souveraineté par le bas, et par concaténation de proche en proche. Malgré la présence des formes du globe qui viennent toujours s'intercaler dans sa représentation et qui sont toutes empruntées aux empires humains, Terre n'a rien d'une forme englobante. Nous y sommes confinés mais ce n'est pas une prison, c'est juste que nous y sommes *roulés*. S'émanciper ne veut pas dire en sortir, mais en explorer les implications, les plis, les superpositions, les entrelacements.

Il n'y a pas de doute que cette extension de Gaïa oblige à découper les formes de souveraineté que les États avaient accaparées. Comme si elle les pelait l'une après l'autre afin de mieux les redistribuer. Ce qui n'a rien d'étonnant, puisque la délinéation des êtres politiques dépend de l'ancienne cosmologie, celle des XVIe et XVIIe siècles, du temps de Bodin ou de Hobbes. C'est justement l'échelle – au sens kilométrique – que l'État-nation avait tenté de fixer une fois pour toutes en quadrillant la planète – au sens ancien de corps planétaire vu d'en haut – par un pavage de pays en conflits ou engagés dans des alliances fragiles. C'est cette localisation par le haut que le confinement a permis à chacun de contester.

Or les terrestres usent d'une autre échelle, celle des formes de vie connectées, qui les oblige à traverser constamment, et donc à remettre en cause, sur chaque sujet, le rapport du petit et du grand, du limité et de l'imbriqué, du rapide et du lent. Puisque rien de ce qui concerne Terre ne tient dans les frontières des États, et que l'international ne couvre qu'une minuscule partie des enjeux, le changement de régime oblige à distinguer ce qui revient à la protection, à la justice, à la police, au commerce, sans forcément le récapituler dans l'enceinte nationale. Tous les conflits entre Extracteurs et Ravaudeurs portent sur une telle redistribution des pouvoirs. Les territoires en mal de reconnaissance sont toujours *des deux côtés* de chaque frontière. Dépasser la limite de la notion de limite, c'est cela la nouvelle manière de s'émanciper.

Curieusement, le droit, par sa façon d'aller de cas en cas, ressemble le plus à ces formes d'universalisation progressive et fragile. Quoi, un droit de Terre, de Gaïa nom propre ? Oui, qui a toujours existé, dont les historiens et anthropologues retrouvent partout les traces, mais qui a été ignoré parce qu'il ne ressemblait ni au « droit naturel » – la « nature » n'ayant jamais offert de modèle aux terrestres –, ni à celui des empires. Un droit faible mais, en effet, souverain, celui qui impose des limites aux notions de limites, le *nomos* de tous les autres. Terre mère du droit ? *Sanctissima Tellus*, encore impossible à reconnaître, à instituer, mais déjà présente partout, à partir du moment où les terrestres ne sont plus « dehors » mais à l'intérieur de ce qui les dépasse et qui continue à les faire exister.

Mais enfin, en voulant célébrer ce confinement, en prétendant nous placer sous la souveraineté de Gaïa, avouez que vous voulez mettre fin à notre histoire, oui, dites-le franchement, nous couper le souffle, et même, pour parler plus brutalement, nous castrer. Où est l'innovation ? Où est la création ? Comment allons-nous retrouver le luxe, le confort, la prospérité ? Comment allons-nous continuer à célébrer ce mot chéri de liberté ?

À quoi les Ravaudeurs sont tentés de répondre : « Mais qui vous a dit que les terrestres ne cherchent pas eux aussi à prospérer ? Qui vous dit que nous ne voulons pas, nous aussi, être libres, enfin libres de sortir du lieu où vous avez prétendu nous confiner ? Si nous, les humains industrialisés, partageons quelque chose avec Gaïa, ce n'est pas la nature, mais l'artifice, la capacité d'inventer, la capacité de ne pas obéir à d'autres lois qu'à celles que nous nous sommes faites. C'est par la technique, étrangement, que l'on capte le mieux cette puissance inventive, dispersée, modeste, oui modeste, de Gaïa. Terre n'est pas verte, elle n'est pas primitive, elle n'est pas intacte, elle n'est pas « naturelle ». Mais artificielle de part en part. On se sent vibrer avec elle en ville aussi bien qu'à la campagne, dans un laboratoire aussi bien que dans la jungle. Rien dans les conditions de départ ne rendait nécessaire, inévitable son extension. Rien dans les conditions actuelles ne rend nécessaire, inévitable sa continuation. C'est dans chaque innovation, dans le détail de chaque organisation, de chaque machine, de chaque dispositif que se révèle le mieux l'intensité de Terre. Les formes de vie pendant des éons n'ont tourné à leur profit que quelques-unes seulement des conditions de départ. L'industrie des humains continue ce processus, en mobilisant de plus en plus de combinaisons d'atomes, en descendant de plus en plus loin dans le tableau de Mendeleïev. Ce n'est pas ce qui fait d'elle une ennemie, bien au contraire. L'innovation et l'artifice, mais c'est de cela que le monde est fait. L'injustice, le crime viennent de l'insouciance qui fait croire que l'on peut ignorer les limites, mais pas d'apprendre à les *tourner*, car, cela, les bactéries, les lichens, les plantes, les arbres, les forêts, les fourmis, les babouins, les loups, et même les poulpes amis de Vinciane Despret l'ont su tout aussi bien. »

Où est le mal alors qui a paralysé les capacités d'invention en les orientant dans une seule direction hors sol ? Mais dans cette étrange perversion qui prétend orienter l'invention vers un seul but en dépassant les limites pour se projeter hors de ce monde au lieu de les tourner, ou, plus pervers encore, qui prétend instaurer le paradis sur terre. Deux formes, l'une pseudo-religieuse de sortie du monde, l'autre pseudo-séculière, de vouloir l'introduire sur terre. C'est le terrible avertissement d'Ivan Illich : « La corruption du meilleur engendre le pire. » Ce n'est pas ainsi que Gaïa s'est étendue, prolongée, compliquée, instituée. C'est parce qu'elle ne cherchait aucun but qu'elle a fini par s'autoréguler partiellement. Elle s'évase, elle se disperse, elle s'égaille. En nous forçant à aller de l'avant, en rêvant de devenir des post-humains, en imaginant que nous allons vivre « comme des dieux », ne voyez-vous pas que vous nous privez de la seule puissance de réorientation qui soit : tâtonner, essayer, revenir sur nos échecs, explorer ? Dans l'ancien monde, cela avait peut-être un sens d'aller de l'avant, de cheminer vers un point oméga, mais si nous avons basculé dans le nouveau, revenu à l'intérieur des conditions d'existence dont nous sommes obligés de ravauder les restes, alors le mouvement le plus important c'est de pouvoir nous égailler dans toutes les directions. Si seulement nous en avions le temps.

Voilà, vous avez atterri, vous vous êtes crashés, vous vous extrayez de *ground zero*, vous avancez masqués, c'est à peine si on l'entend votre voix : comme celle de Gregor, comme la mienne, c'est une sorte de borborygme. « Où suis-je » ? Que faire ? Aller droit, comme le conseillait Descartes à ceux qui sont perdus dans une forêt ? Mais non, vous devez vous disperser au maximum, en éventail, pour explorer toutes les capacités de survie, pour conspirer, autant que possible, avec les puissances d'agir qui ont rendu habitables les lieux où vous avez atterri. Sous la voûte du ciel, redevenue pesante, d'autres humains mêlés à d'autres matières forment d'autres peuples avec d'autres vivants. Ils s'émancipent enfin. Ils se déconfinent. Ils se métamorphosent.

14
Pour en savoir un peu plus

Bien que ce livre soit écrit dans le style d'un conte philosophique, meilleur moyen, d'après moi, de tourner la douloureuse épreuve du confinement pour apprivoiser le changement de cosmologie imposé par le Nouveau Régime Climatique, il repose sur une collaboration multiforme avec beaucoup d'ami.e.s. Dans cette dernière partie qui résume, section après section, les principales recherches dont je me suis inspiré, je précise les nombreuses superpositions qui font de tout livre une composition d'holobiontes...

Beaucoup d'auteurs ont accepté de me relire, particulièrement Alexandra Arènes, Anne-Sophie Breitwiller, Pierre Charbonnier, Vivian Depoues, Jean-Michel Frodon, Émilie Hache, Dusan Kazic, Frédéric Louzeau, Baptiste Morizot et Isabelle Stengers ; Frédérique Aït-Touati, Veronica Calvo, Maylis Dupont, Eduardo Viveiros de Castro et Nikolaj Schultz ont repris le manuscrit en détail, et même, pour certains, plusieurs fois ; comme toujours, depuis plus de vingt-cinq ans, Philippe Pignarre a cru qu'un livre pouvait défier les lois de la pesanteur. Qu'ils soient tous remerciés.

1.

Dans le chapitre 1, « Un devenir-termite », j'utilise la traduction française de Franz Kafka, *La Métamorphose*, trad. Bernard Lortholary, Garnier-Flammarion, Paris, 1988 ; et la notion de « ligne de fuite » est bien sûr empruntée au livre de Gilles Deleuze et Félix Guattari, *Kafka. Pour une littérature mineure*, Éditions de Minuit, Paris, 1975. Pour la superposition des voix des personnages de *La Métamorphose*, il convient d'écouter l'opéra de Michaël Lévinas, Opéra de Lille, 2011, un extrait est accessible sur Internet, <ictus.be/listen/michael-levinas-la-métamorphose> (je dois cette écoute à Chantal Latour).

Sur les termites, je me suis contenté d'utiliser mon vieil exemplaire d'Edward O. Wilson, *The Insect Societies*, Belknap Press of Harvard University Press, Cambridge, Mass., 1971 ; mais pour les fourmis, je m'appuie sur Deborah M. Gordon, *Ant Encounters : Interaction Networks and Colony Behavior*, Princeton University Press, Princeton, 2010. Quant à l'allusion finale sur les difficultés de s'orienter, elle renvoie à mon livre *Où atterrir ? Comment s'orienter en politique*, La Découverte, Paris, 2017, qui regardait encore la situation « de haut » avant l'épreuve du confinement et dont ce livre est en quelque sorte le rapport d'après crash…

2.

Dans le chapitre 2, « Confinés en un lieu quand même assez vaste », je tente une expérience de pensée inspirée par la visite de Jérôme Gaillardet, géochimiste de l'Institut de physique du globe de Paris, au cours d'un séjour improvisé de « vacances apprenantes » à Saint-Aignan-en-Vercors. Jérôme est depuis six ans mon mentor dans l'exploration des « zones critiques ». Nous essayons tous les deux de lier l'histoire longue de la terre avec les sciences dites autrefois « humaines ».

Je m'inspire ici de mon collègue Tim Lenton, en particulier de son livre avec Andrew Watson, *Revolutions that Made the Earth*, Oxford University Press, Oxford, 2011. Pour faciliter l'expérience, je recours à l'effort de Peter Sloterdijk pour rendre sensible le fait qu'il est impossible de « sortir » des enceintes sous air conditionné propres à la vie même. Il en a donné une expression métaphysique dans sa trilogie, et en particulier dans le volume II, *Sphères* II, trad. Olivier Mannoni, Libella Maren Sell, Paris, 2010.

La mise en continuité de la ville « artificielle », du paysage de montagne et de l'atmosphère, dans le même « intérieur » dont on ne peut pas sortir, n'est possible qu'à la condition d'accepter de prendre au sérieux l'hypothèse Gaïa sur laquelle je travaille depuis une quinzaine d'années. Ici, je résume Timothy Lenton et Sébastien Dutreuil « What exactly is the role of Gaia ? », *in* Bruno Latour et Peter Weibel (dir.), *Critical Zone : The Science and Politics of Landing on Earth*, MIT Press, Cambridge, Mass., 2020, p. 168-176. Ce livre somptueux, mis en page par Donato Ricci, a été écrit en complément d'une exposition du même nom qui a eu lieu au ZKM de Karlsruhe de juillet 2020 à août 2021 et qui sert de source pour tout le présent ouvrage.

Pour saisir la portée de ce déplacement de cosmologie, il faut à la fois s'inspirer de ces sciences nouvelles et, en même temps, absorber le choc de la nouvelle histoire et sociologie des sciences que je poursuis depuis quarante ans. En effet, ces sciences sont bel et bien situées à l'intérieur même du monde qu'elles décrivent et transforment. D'où l'importance de la « connaissance imagée » qui renvoie à ce thème capital de l'histoire des sciences, résumé dans mon article : « Les "vues" de l'esprit. Une introduction à l'anthropologie des sciences et des techniques. », *Culture technique*, 14, 1985, p. 4-30 (accessible comme tous mes articles sur mon site <bruno-latour.fr>).

Ce thème est développé dans Catelijne Coopmans *et al.*, *Representation in Scientific Practice Revisited*, MIT Press, Cambridge, Mass., 2014, et magnifiquement développé dans Lorraine Daston et Peter Galison, *Objectivité*, trad. Sophie Renaut et Hélène Quiniou, Les Presses du réel, Dijon, 2012, aussi bien que dans Frédérique Aït-Touati, *Contes de la Lune. Essai sur la fiction et la science modernes*, Gallimard, coll. « NRG essais », Paris, 2011. Quant au concept de « terrestres », je l'ai introduit dans mon *Face à Gaïa. Huit conférences sur le Nouveau Régime Climatique*, La Découverte, Paris, 2015 ; il a l'avantage de ne spécifier ni le genre ni l'espèce, mais seulement la situation locale et l'enchevêtrement de ce qui compose les êtres.

Inutile de souligner que je simplifie exagérément, pour les besoins de mon conte, la distinction entre Terre et Univers.

3.

Le chapitre 3, « Terre est un nom propre », fait usage d'un contraste entre deux principes de localisation qui jouent un rôle essentiel dans tout le livre. Sur les dangers de cette « localisation simple » au sens philosophique, voir

Didier Debaise, *L'Appât des possibles. Reprise de Whitehead*, Presses du réel, Dijon, 2015 ; mais je lui donne aussi un sens plus cartographique, voir Valérie November, Eduardo Camacho et Bruno Latour. « The territory is the map : Space in the age of digital navigation », *Environment and Planning D : Society and Space*, 28, 2010, p. 581-599 ; en m'appuyant sur la magnifique expérience de Frédérique Aït-Touati, Alexandra Arènes et Axelle Grégoire, *Terra Forma. Manuel de cartographies potentielles*, B42, Paris, 2019.

Pour s'habituer à cette idée que nous n'avons jamais l'expérience des « choses inertes », en tout cas sur terre, il est utile de lire Lynn Margulis et Dorian Sagan. *L'Univers bactériel*, Albin Michel, Paris, 1989. Le curieux retour des notions de supra-lunaire et de sub-lunaire, termes traditionnels de la cosmologie dite « précopernicienne », peut être compris en comparant le classique d'Alexandre Koyré, *Du monde clos à l'univers infini*, Gallimard, Paris, 1962, avec, par exemple, Timothy Lenton, *Earth System Science*, Oxford University Press, Oxford, 2016. Ici, je déplace la lisière en excluant la lune, ce qui est un détournement du terme.

Dans toute son œuvre, Baptiste Morizot s'efforce de spécifier le darwinisme et de rendre leur puissance d'agir aux animaux ; voir en particulier *Raviver les braises du vivant*, Actes Sud, Arles, 2020 ; et sa critique dans « Ce que le vivant fait au politique. La spécificité des vivants en contexte de métamorphoses environnementales », *in* Frédérique Aït-Touati et Emanuele Coccia (dir.), *Le Cri de Gaïa. Penser avec Bruno Latour*, La Découverte, coll. « Les Empêcheurs de penser en rond », Paris, 2021, p. 77-118. La différence entre « vie » et « Vie » fait l'objet du travail de Sébastien Dutreuil « Quelle est la nature de la terre », *in ibid*, p. 17-66.

Pour se familiariser avec Gaïa, il faut lire les livres originaux de James Lovelock, en particulier le premier : *La Terre est un être vivant. L'hypothèse Gaïa*, Flammarion, coll. « Champs », Paris, 1999, mais j'ai énormément profité de la thèse de Sébastien Dutreuil, « Gaïa. Hypothèse, programme de recherche pour le système terre, ou philosophie de la nature ? », thèse de doctorat, université de Paris I, 2016 ; et je m'appuie sur deux articles récents pour préciser le concept : Bruno Latour et Timothy Lenton, « Extending the domain of freedom, or why Gaia is so hard to understand », *Critical Inquiry*, printemps 2019, p. 1-22 ; et surtout Tim Lenton, Sébastien Dutreuil et Bruno Latour, « Life on Earth is hard to spot », *The Anthropocene Review*, 7, 3, 2020, p. 248-272.

Sur la richesse mythologique du concept de Gaïa, voir Bruno Latour, *Face à Gaia*, *op.cit.*, et surtout Deborah Bucchi, « Gaia face à Gaïa », *in* Frédérique Aït-Touati et Emanuele Coccia (dir.), *Le Cri de Gaïa*, *op. cit* p. 165-184.

4.

Je commence le chapitre 4, « "Terre" est un nom féminin, "Univers" un nom masculin » par la notion de « zone critique » en m'appuyant sur Jérome Gaillardet « The critical zone, a buffer zone, the human habitat », *in* Bruno Latour et Peter Weibel (dir.), *Critical Zones*, *op. cit.*, p. 122-130. Voir aussi toute la troisième partie de cet ouvrage pour une présentation plus complète de cette notion.

La compréhension de cette zone doit beaucoup aux inventions d'Alexandra Arènes résumées dans son article avec Jérôme Gaillardet et moi-même : « Giving depth to the surface : An exercise in the Gaia-graphy of critical zones », *The Anthropocene Review*, 5, 2, 2018, p. 120-135, et dans sa thèse en cours à Manchester.

L'hétérogénéité des zones critiques est bien montrée par Susan Brantley *et al.*, « Crossing disciplines and scales to understand the critical zone », *Elements*, 3, 2007, p. 307-314, et par sa contribution *in* Bruno Latour et Peter Weibel (dir.), *Critical Zones*, *op. cit.*, p. 140-141. Les limites des zones critiques dépendent beaucoup de la temporalité choisie.

Cela me permet de localiser et de dramatiser quelque peu cette fameuse « bifurcation de la nature » commentée par Isabelle Stengers, *Penser avec Whitehead. Une libre et sauvage création de concepts*, Seuil, Paris, 2002. Sur la notion de hiatus et de superposition des puissances d'agir, voir mon *Enquête sur les modes d'existence. Une anthropologie des Modernes*, La Découverte, Paris, 2012.

Sur les limites de Gaïa, voir « Life on Earth is hard to spot », et Tim Lenton et Andrew Watson, *Revolutions that Made the Earth*, *op. cit.* La localisation de la physique a fait l'objet de nombreux travaux en histoire des sciences, depuis Sharon Traweek, *Beam Times and Life Times : The World of High Energy Physicists*, Harvard University Press, Cambridge, Mass., 1988. Juste quelques exemples : Peter Galison, *Ainsi s'achèvent les expériences. La place des expériences dans la physique du XXe siècle*, trad. Bertrand Nicquevert, La Découverte, Paris, 2002, et l'enquête sur les ondes gravitationnelles de Harry Collins, *Gravity's Shadow : The Search for Gravitational Waves*, The University of Chicago Press, Chicago, 2004.

Les liens entre oubli de l'engendrement et occultation de la question du genre sont étudiés par Émilie Hache (dir.),

De l'univers clos au monde infini, Éditions Dehors, Paris, 2014, et *idem*, *Reclaim. Recueil de textes écoféministes*, Édtions Cambourakis, Paris, 2016. Sur sa recherche plus récente, voir « Né-e-s de la terre. Un nouveau mythe pour les terrestres », *Terrestres*, 30 septembre 2020, <terrestres. org>. Adele Clarke et Donna J. Haraway, *Making Kin not Population : Reconceiving Generations*, Paradigm Press, Chicago, 2018, et le livre de Donna Haraway récemment traduit par Vivien Garcia, *Vivre avec le trouble*, Éditions des mondes à faire, Vaulx-en-Velin, 2020.

5.

Le chapitre 5, « Troubles d'engendrement en cascade », suit un même problème de composition des corps dans des domaines apparemment très différents. Pour plus de précisions, voir Bruno Latour, Simon Schaffer et Pasquale Gagliardi (dir.), *A Book of the Body Politic : Connecting Biology, Politics and Social Theory*, Foundation Cini, Venise, 2020, <bit. ly/2zoGKYz>.

Je m'appuie d'abord sur Deborah Danowski et Eduardo Viveiros de Castro, « L'arrêt de monde », *in* Émilie Hache (dir.), *De l'univers clos au monde infini*, *op.cit.*, p. 221-339, puis sur mon article « Troubles dans l'engendrement », *Le Crieur*, 14, octobre 2019, p. 60-74, avant d'extraire de l'important livre de Pierre Charbonnier, *Abondance et liberté. Une histoire environnementale des idées politiques*, La Découverte, Paris, 2020, la notion de porte-à-faux en politique économique.

On peut suivre ensuite la différence entre autotrophe et hétérotrophe et l'histoire longue de la terre dans Lynn

Margulis et Dorian Sagan. L'*Univers bactériel*, *op. cit.*, et dans Emanuele Coccia, *La Vie des plantes. Une métaphysique du mélange*, Payot, Paris, 2016.

La curieuse histoire de l'individualisme est résumée ici par la lecture d'Ayn Rand, *Atlas Shrugged*, Signet, New York, 1957. Le roman cartésien fait l'objet d'un magnifique chapitre, « Cartesian Romance », *in* Ayesha Ramachandran, *The Worldmakers : Global Imagining in Early Modern Europe*, The University of Chicago Press, Chicago, 2015.

Je poursuis ces liens entre biologie et sociologie depuis un article avec Shirley Strum, « Human social origins : Please tell us another origin story ! », *Journal of Biological and Social Structures*, 9, 1986, p. 169-187. Voir aussi le livre collectif : Bruno Latour, Simon Schaffer et Pasquale Gagliardi (dir.). *A Book of the Body Politic*, *op.cit.* Pour suivre la cascade en biologie, on aura profit à lire Éric Bapteste, *Tous entrelacés*, Belin, Paris, 2018 ; mais c'est en lisant le manuel de Scott F. Gilbert et David Epel, *Ecological Developmental Biology : The Environmental Regulation of Development, Health and Evolution*, Sinauer Associates Inc, Sunderland, Mass., 2015, que l'on peut en apprendre le plus sur les holobiontes et l'épigénétique qu'ils impliquent. La thèse simplifiée se trouve dans Scott Gilbert, Jan Sapp et Alfred Tauber, « A symbiotic view of life : We have never been individuals », *The Quarterly Review of Biology*, 87, 4, 2012, p. 325-341. Sur les plis des vivants entre phages et virus, j'ai beaucoup appris de la recherche de Charlotte Brives, « Pluribiose. Vivre avec les virus, mais comment ? », *Terrestres*, 14, juin 2020, <terrestres.org/2020/06/01/pluribiose-vivre-avec-les-virus-mais-comment>.

6.

Le chapitre 6, « "Ici-bas" – sauf qu'il n'y a pas de haut », fait appel à l'histoire de l'art ; voir par exemple Hans Belting, *La Vraie Image. Croire aux images?*, trad. Jean Torrent, Gallimard, Paris, 2007 ; et surtout Louis Marin, *Opacité de la peinture. Essais sur la représentation au Quattrocento*, Usher, Paris, 1989. Je poursuis cette question de l'image religieuse depuis mon article « Quand les anges deviennent de bien mauvais messagers », *Terrain*, 14, 1990, p. 76-91, qui a été développé dans le catalogue de l'exposition : Bruno Latour et Peter Weibel (dir.), *Iconoclash : Beyond the Image Wars in Science, Religion and Art*, MIT Press, Cambridge, Mass., 2002 ; voir en particulier l'article de Joseph Koerner, « The icon as iconoclash », p. 164-214. Que le religieux n'ait rien à voir avec le « spirituel » est repris dans mon *Jubiler ou les Tourments de la parole religieuse*, La Découverte, coll. « Les Empêcheurs de penser en rond », Paris, 2013 (2002).

Sur l'étrange histoire de la fusion entre le ciel – *sky* – et le Ciel – *heaven* – je suis ce qu'Eric Voegelin appelle « immanentisation » dans *La Nouvelle Science du politique*, trad. Sylvie Courtine-Denamy, Seuil, Paris, 2000 (développé aussi dans mon *Face à Gaïa*, *op. cit.*, conférence 6, p. 239-283). Je m'appuie sur la thèse de Clara Soudan, « Spells of our Inhabiting », Édimbourg, 1979. Sur une notion très semblable, voir l'étonnant livre d'Ivan Illich, *La corruption du meilleur engendre le pire*, Actes Sud, Arles, 2007. Sur les manières de se situer autrement dans les mêmes lieux, je reprends Anna Tsing, *Le Champignon de la fin du monde. Sur les possibilités de vie dans les ruines du capitalisme*, trad. Philippe Pignarre et Fleur Courtois. L'Heureux, La Découverte, coll. « Les Empêcheurs de penser en rond », Paris, 2017 ; aussi bien que *Frictions. Délires et faux-semblants de la globalité*, trad. Philippe Pignarre et Isabelle Stengers, La Découverte, coll. « Les Empêcheurs de penser en rond », Paris, 2020.

C'est évidemment sous l'influence de l'encyclique du pape François *Laudato Si !*, 2015, que se remet en marche la question de l'incarnation sans l'échappatoire d'un « autre monde ». Grâce à la suggestion d'Eduardo Viveiro de Castro, j'ai été passionné par l'énigmatique livre de Vitor Westhelle, *Eschatology and Space : The Lost Dimension in Theology Past and Present*, Palgrave, Londres, 2012. Je poursuis ces recherches avec Frédéric Louzeau et Anne-Sophie Breitwiller dans le cadre des Bernardins.

7.

Le chapitre 7, « Laisser l'Économie remonter à la surface », dépend d'un grand nombre de travaux. L'Économie avec une majuscule vient du livre capital de Timothy Mitchell, *Carbon Democracy. Le pouvoir politique à l'ère du pétrole*, trad. Christophe Jacquet, La Découverte, Paris, 2013. C'est à mes collègues du Centre de sociologie de l'innovation que je dois cette approche, en particulier la notion d'économisation ; voir Michel Callon (dir.), *Sociologie des agencements marchands. Textes choisis*, Presses de l'École nationale des mines de Paris, Paris, 2013, et son livre *L'Emprise des marchés. Comprendre leur fonctionnement pour pouvoir les changer*, La Découverte, Paris, 2017, ainsi que Michel Callon, Yuval Millo et Fabian Muniesa (dir.), *Market Devices*, Blackwell Publishers,

Oxford, 2007. Sur les limites de la production, voir le livre classique de Marshall Sahlins, *Âge de pierre, âge d'abondance. Économie des sociétés primitives*, Gallimard, Paris, 1976, aussi bien que celui de David Graeber, *Dette. 5 000 ans d'histoire*, Les liens qui libèrent, Paris, 2013 ainsi que Bruno Latour et Vincent Lepinay, *L'économie, science des intérêts passionnés, Introduction à l'anthropologie économique de Gabriel Tarde*, La Découverte, Paris, 2008.

La « résolution » de Dusan Kazic vient de sa thèse « Plantes animées. De la production aux relations avec les plantes », thèse de doctorat de l'université Paris-Saclay préparée à AgroParisTech, 2020, et de son article « Le covid-19, mon allié ambivalent », AOC *media*, 16 septembre 2020. L'idée qu'il faut désensorceler l'Économie vient de Philippe Pignarre et Isabelle Stengers, *La Sorcellerie capitaliste. Pratiques de désenvoûtement*, La Découverte, Paris, 2005. La désincarcération de la notion de « Nature » est analysée en détail dans Karl Polanyi, *La Grande Transformation*, Gallimard, Paris, 1983 (1945). On retrouve cette même prise de distance dans Baptiste Morizot, *Manières d'être vivant*, Acte Sud, Arles, 2020. L'origine religieuse de la notion d'économie de la nature fait l'objet de nombreux travaux : voir Giorgio Agamben, *Le Règne et la Gloire. Pour une généalogie théologique de l'économie et du gouvernement. Homo Sacer* II, 2, trad. Joël Garand et Martin Rueff, Seuil, Paris, 2008 ; et sur les limites de la notion de « oikos », voir Emanuele Coccia, « Nature is not your household », *in* Bruno Latour et Peter Weibel (dir.), *Critical Zones*, *op. cit.*, p. 300-304.

La distance introduite entre calcul d'intérêt et darwinisme est particulièrement large avec la notion de sélection séquentielle, voir Ford Doolittle, « Darwinizing Gaia », *Journal of Theoretical* Biology, 434, 2017, p. 11-19, et son article : « Is the Earth an Organism ? », *Aeon*, décembre 2020. Voir l'argument de Timothy Lenton *et al.*, « Selection for Gaia across multiple scales », *Science Direct*, 33, 8, 2018, p. 633-645.

8.

Le chapitre 8, « Décrire un territoire, mais à l'endroit », repose sur l'expérience du consortium « Où atterrir ? » dédicataire de ce livre, <ouatterrir.fr/index.php/consortium/>, expérience qui fera l'objet de publications à part. Il y a eu la version web déclenchée par l'article « Inventer les gestes barrières contre le retour à la production d'avant crise », dans AOC *media* du 29 mars 2020, questionnaire qui a fait l'objet de nombreuses dérivations sur Internet. Mais c'est dans le projet pilote à long terme que je puise l'expérience de l'autodescription. Sur la notion de territoire, je m'inspire aussi de Vinciane Despret, *Habiter en oiseau*, Acte Sud, Arles, 2019.

De nouveau, il est très important de ne pas confondre Gaïa avec un organisme, ce que j'ai développé dans « Why Gaia is not a God of Totality », *Theory, Culture and Society*, 34, 2-3, 2017, p. 61-82.

La notion de « communs » est en pleine renaissance. Je ne connais pas de meilleure manière de parcourir ce domaine que la formidable entreprise de Marie Cornu, Fabienne Orsi et Judith Rochfeld, *Dictionnaire des biens communs*, PUF, Paris, 2018.

9.

Comme le précédent, le chapitre 9, « Le dégel du paysage », a recours d'abord à l'expérience du consortium « Où atterrir ? » L'expression de « boussole » résume un protocole inventé collectivement avec les participants dans plusieurs villes de France qui prend appui sur un dispositif mis au point par les animateurs du consortium.

L'ouvrage de Bruno Latour et Peter Weibel (dir.), *Critical Zones*, *op.cit.*, par son contenu autant que par sa forme, essaie de reprendre en bien plus grand détail ce mouvement général de « dégel ».

Pour rendre compte du retournement imposé par le « confinement », je fais appel à l'histoire de l'art mobilisée dans Bruno Latour et Christophe Leclercq (dir.), *Reset Modernity !*, MIT Press, Cambridge, Mass., 2016, et bien sûr à mon livre : *Nous n'avons jamais été modernes. Essai d'anthropologie symétrique*, La Découverte, Paris, 1991.

L'invention du naturalisme fait l'objet du livre de Philippe Descola, *Par-delà nature et culture*, Gallimard, Paris, 2005, projet qu'il poursuit dans un nouveau livre, *Les Formes du visible. Une anthropologie de la figuration* (à paraître), préfiguré dans *La Fabrique des images*, Éditions du Quai Branly-Somogy, Paris, 2010. Le travail en cours de Frédérique Aït-Touati sur l'invention de la scène-paysage est présenté en partie dans *Terra Forma*, *op.cit.* Voir enfin mon livret *What is the Style of Matters of Concern ? Two Lectures in Empirical Philosophy*, Spinoza Lectures, Royal Van Gorcum, Assen, 2008.

L'inversion de la propriété est avancée par Sarah Vanuxem, *La Propriété de la terre*, Wild Project, Marseille, 2018, et dans « Freedom from easements », *in* Bruno Latour et Peter Weibel (dir.), *Critical Zones, op. cit.*, p. 240-247. Sur le renversement du paysage commun en anthropologie, voir Deborah Bird Rose, *Le Rêve du chien sauvage. Amour et exctinction*, trad. Fleur Courtois-L'Heureux, La Découverte, coll. « Les Empêcheurs de penser en rond », Paris, 2020. Voir le beau catalogue : Juliette Dumasy-Rabineau, Nadine Gastaldi et Camille Serchuk (dir.), *Quand les artistes dessinaient les cartes. Vues et figures de l'espace français, Moyen Âge et Renaissance*, Archives nationales et Éditions Le Passage, Paris, 2019.

L'inversion du rapport entre individu et société est au cœur de l'acteur-réseau, voir mon *Changer de société – refaire de la sociologie*, trad. O. Guilhot, La Découverte, Paris, 2006.

10.

Dans le chapitre 10, « Multiplication des corps mortels », je prends en écharpe la littérature STS, en particulier le passionnant livre d'Anne-Marie Mol, *The Body Multiple : Ontology in Medical Practice*, Duke University Press, Durham, 2003, aussi bien que le livre classique d'Ivan Illich *Némésis médicale. L'expropriation de la santé*, Seuil, Paris, 1975, et surtout son livre malheureusement méconnu, *Le Genre vernaculaire*, Seuil, Paris, 1982. Sur la saisie des corps, Evelyne Fox-Keller, *Le Rôle des métaphores dans les progrès de la biologie*, Les Empêcheurs de penser en rond, Paris, 1999, et mon article « How to talk about the body ? The normative dimension of science studies », *Body and Society*, 10, 2/3, 2004, p. 205-29. Sur la prolifération des saisies du corps souffrant, voir Tobie Nathan et Isabelle Stengers, *Médecins et sorciers*, La Découverte, coll. « Les Empêcheurs de penser en rond », Paris, 1995.

L'inversion des rapports intérieur et extérieur doit beaucoup à Raymond Ruyer, *Néo-finalisme*, PUF, Paris, 2013 (1952), et bien sûr la continuité de l'expérience à William James. Sur cette tradition, voir Isabelle Stengers, *Réactiver le sens commun*, La Découverte, coll. « Les Empêcheurs de penser en rond », Paris, 2020. C'est Donna Haraway qui, pour moi, a été le plus loin dans la fusion des féminismes et des biologies, depuis Laurence Allard, Delphine Gardey et Nathalie Magnan (dir.), *Manifeste cyborg et autres essais*, Exils éditeur, Paris, 2007, jusqu'à *Vivre avec le trouble*, *op.cit.* Voir le travail en cours d'Émilie Hache, « Né-e-s de la terre. Un nouveau mythe pour les terrestres », *loc. cit.*

11.

Le chapitre 11, « Reprise des ethnogenèses » reprend ma dramatisation des planètes, « We don't seem to live on the same planet », *in* Bruno Latour et Peter Weibel (dir.), *Critical Zones*, *op. cit.*, p. 276-282, ainsi que l'article avec Dipesh Chakrabarty, « Conflicts of planetary proportions : A conversation », *Journal of the Philosophy of History*, 14, 3, 2020, p. 419-454. Avec Martin Guinard, je poursuis cette question dans l'exposition de la biennale d'art de Taipei, *You and I Don't Live on the Same Planet*, 2020-2021.

Les « régimes de planétarité », eux, proviennent de Christophe Bonneuil, *L'Historien et la Planète. Penser les régimes de planétarité à la croisée des écologies-monde, des réflexivités environnementales et des géopouvoirs* (à paraître). Pour la planète Exit, je m'appuie sur Nikolaj Schultz, « Life as Exodus », *in* Bruno

Latour et Peter Weibel (dir.), *Critical Zones*, *op. cit.*, p. 284-288, puis Nastassja Martin, *Les Âmes sauvages. Face à l'Occident, la résistance d'un peuple d'Alaska*, La Découverte, Paris, 2016.

Sur la notion clef de diplomatie, voir Isabelle Stengers, *La Vierge et le Neutrino*, Seuil/Les Empêcheurs de penser en rond, Paris, 2005, ainsi que « La proposition cosmopolitique », *in* Jacques Lolive et Olivier Soubeyran (dir.), *L'Émergence des cosmopolitiques*, La Découverte, Paris, 2007, p. 45-68. Je suis très admiratif du travail quotidien poursuivi par l'Atlas décolonial <decolonialatlas. wordpress. com >. Sur la notion clef d'empiètement, voir Patrice Maniglier, « Petit traité de Gaïapolitique », *in* Frédérique Aït-Touati et Emanuele Coccia (dir.), *Le Cri de Gaïa*, *op. cit.*, p. 185-217.

Sur la nécessité de l'anthropocentrisme, voir Clive Hamilton, *Defiant Earth: The Fate of Humans in the Anthropocene*, Polity Press, Cambridge, 2017. Il y a toute une littérature sur l'Anthropocène, le mieux est de puiser à la source des données : Jan Zalasiewicz *et al.*, *The Anthropocene as a Geological Unit*, Cambridge University Press, Cambridge, 2019.

J'ai pris la notion de monade en superposition de mille façons différentes chez Gabriel Tarde, *Monadologie et sociologie*, Les Empêcheurs de penser en rond, Paris, 1999 (1895). Pour un développement de cette intuition, voir en particulier Bruno Latour *et al.*, « "Le tout est toujours plus petit que ses parties". Une expérimentation numérique des monades de Gabriel Tarde », *Réseaux*, 31, 1, 2013, p. 199-233.

L'opposition entre sciences royales et sciences nomades ou déambulatoires est reprise de Gilles Deleuze et Félix Guattari, *Mille plateaux. Capitalisme et schizophrénie*, Éditions de Minuit, Paris, 1980.

Sur la dimension variable dans le temps de Gaïa, voir à nouveau *Lenton et al.*, « Selection for Gaia across multiple scales », *loc. cit.*, et pour l'impact de l'Anthropocène, Timothy Lenton et Bruno Latour, « Gaia 2.0. », *Science*, 14 septembre 2018, p. 1066-1068.

12.

Dans le chapitre 12, « De bien étranges batailles », je m'appuie à nouveau sur Pierre Charbonnier, *Abondance et liberté*, *op. cit.*, et sur les recherches de Nikolaj Schultz sur les classes géo-sociales, en particulier « New climates, new class struggles », *in* Bruno Latour et Peter Weibel (dir.), *Critical Zones*, *op. cit.*, p. 308-312. Un portrait des Extracteurs est dressé par l'œuvre de Saskia Sassen, en particulier, *Expulsions. Brutalité et complexité dans l'économie globale*, trad. Pierre Guglielmina, Gallimard, Paris, 2016. Voir aussi, Lucas Chancel, *Insoutenables inégalités*, Les petits matins, Paris, 2017.

13.

Dans le chapitre 13, « S'égailler dans toutes les directions », j'utilise l'abaque inventé par le Global Footprint Network, qui a de nombreuses traductions, voir en particulier en France : <wwf.fr/jour-du-depassement>. Sur le déplacement du jour du confinement pendant le printemps 2020, voir <futura-sciences.com/planete/actualites/developpement-durable-jour-depassement-recul-exceptionnel-trois-semaines-63853/>.

Sur l'étonnante insertion de la théorie invisible de l'autorégulation dans les négociations climatiques, voir Stefan Aykut et Amy Dahan, *Gouverner le climat ? Vingt ans de négociation climatique*, Presses de Sciences Po, Paris, 2015, et l'analyse détaillée de l'influence de Lovelock sur les sciences du système terre, dans Sébastien Dutreuil, *Gaïa. Hypothèse, programme de recherche pour le système terre, ou philosophie de la nature ?*, *op. cit.* Le terme d'autorégulation est l'objet même de la tension entre Lovelock, qui tend vers un modèle cybernétique, et Margulis, qui compose avec les vivants de proche en proche sans passer par aucun modèle global.

Je poursuis depuis dix ans des expériences théâtrales avec Frédérique Aït-Touati, pour littéralement mettre en scène le concept scientifique de Gaïa, contre les évidences cosmologiques usuelles. Voir les différentes captations de *Inside*, 2018, *Moving Earths*, 2019 : <youtube.com/watch?v=ANhumN6INfI&feature=youtu.be > ; et la pièce *Gaïa Global Circus*, texte de Pierre Daubigny.

Le lien entre la question de l'État et les nouvelles formes de souveraineté de Gaïa fait l'objet de mes trois dernières conférences, *Face à Gaïa*, *op. cit.*, p. 239-373. Je m'appuie sur les recherches en cours de Dorothea et Pierre-Yves Condé.

Pour comprendre l'opposition entre Gaïa et la notion de globe ou de globalité, voir mon article « Why Gaia is not a God of Totality », *loc. cit.* Le nomos de la terre vient, bien sûr, du livre décisif de Carl Schmitt, *Le Nomos de la Terre dans le droit des gens du* Jus Publicum Europaeum, trad. Lilyane Deroche-Gurcel, PUF, Paris, 2001 ; sur la nouvelle notion d'espace impliquée par Schmitt, voir mon « How to remain human in the wrong space ? A comment on a dialog by Carl Schmitt », *Critical Enquiry*, à paraître.

Sur l'anthropologie des divers cultes de la terre, voir le passionnant recueil de Renée Koch-Piettre, Odile Journet et Danouta Liberski-Bagnoud (dir.), *Mémoires de la Terre. Études anciennes et comparées*, Jérôme Millon, Grenoble, 2020. L'injonction d'Illich vient de son livre *La corruption du meilleur engendre le pire, op. cit.*

Table des matières